श्रीरामचरितमानस : पंचम सोपान

सुन्दरकांड

(मूलपाठ : टीका तथा भावविवेचन)

श्रीरामचरितमानस : पंचम सोपान
सुन्दरकांड
(मूलपाठ : टीका तथा भावविवेचन)

सम्पादक
प्रो. योगेन्द्र प्रताप सिंह
पूर्व प्रोफेसर तथा अध्यक्ष, हिन्दी विभाग
इलाहाबाद विश्वविद्यालय
प्रयागराज

लोकभारती प्रकाशन

लोकभारती प्रकाशन
पहली मंजिल, दरबारी बिल्डिंग, महात्मा गाँधी मार्ग
प्रयागराज-211 001

वेबसाइट : www.lokbhartiprakashan.com
ईमेल : info@lokbhartiprakashan.com

शाखाएँ : 1-बी, नेताजी सुभाष मार्ग, दरियागंज
नयी दिल्ली-110 002
अशोक राजपथ, साइंस कॉलेज के सामने
पटना-800 006 (बिहार)
1, अनमोल सोराबजी संतुक लेन, मरीन लाइंस
मुम्बई-400002

मूल्य : ₹ 295

प्रथम संस्करण : 2000
दसवाँ संस्करण : 2024

आस्था पेपर कन्वर्टर
प्रयागराज द्वारा मुद्रित

SHRI RAMCHARITMANAS : PANCHAM SOPAN
SUNDERKAND
by Prof. Yogendra Pratap Singh

ISBN : 978-81-8031-526-8

अग्रज—

श्री० जे० एन० चतुर्वेदी,

एडवोकेट हाईकोर्ट

तथा

सचिव, प्रयाग संगीत समिति, इलाहाबाद

को आदरपूर्वक

प्रस्तावना

सर्वप्रथम महर्षि वाल्मीकि ने सुन्दरकांड की रचना करके रामकथा के अन्तर्गत हनुमान को लक्ष्मण के साथ सह नायकत्व का स्थान प्रदान किया। रामकथा के बालकांड से लेकर अरण्यकांड तक की प्रसंग रचना के सहनायक यदि लक्ष्मण हैं तो किष्किंधाकांड के उत्तरांश से उत्तरकांड तक की कथा तक में हनुमान का महत्त्व एवं उनकी भूमिका निर्विवाद है। तुलसी ने परम्परा में प्रचलित हनुमान के व्यक्तित्व की श्रेष्ठता को इस कथा में रखने की भरसक कोशिश की है किन्तु सम्पूर्ण सुन्दरकांड महर्षि वाल्मीकि के मन्तव्य से भिन्न है। तुलसी ने पूरी कथा के अन्तर्गत हनुमान के शौर्य, उनकी बुद्धिमत्ता एवं वाग्मिता के ऊपर श्रीराम के माहात्म्य को स्थापित करने की चेष्टा की है। यही नहीं, हनुमान कथा के ही समानान्तर इस कांड में उन्होंने विभीषण के महनीय चरित्र की उद्‌भावना करके आश्रयविहीन शरणागत की पूर्णरक्षा के जिस संकल्प को यहाँ स्थापित किया है, वह न केवल भारतीय संस्कृति का सर्वोत्तम आदर्श है, वरन् मध्यकालीन समाज में तुलसी जैसे आश्रयविहीन तथा निरीह मनुष्य के लिए सम्बल का कार्य करता है।

तुलसी का यह सुन्दरकांड, निराश्रित को आश्रय प्रदान कराने एवं हनुमान जैसे महनीय तेजवान् व्यक्तित्व को अपनी आत्मिक संवेदन तथा प्रीति से आप्लावित करने वाले श्रीराम की महनीयता का सुन्दरतम साक्ष्य है और इसी संवेदनाभूमि के कारण यह कथा महर्षि वाल्मीकि से ही नहीं, परम्परा के अन्य सुन्दरकांडों से भिन्न हो जाती है। यही यहाँ तुलसी की अपनी मौलिकता है।

इस सम्पूर्ण सुन्दरकांड के विवेचन में इन्हीं दो तथ्यों पर विशेष ध्यान दिया गया है। आशा है, सुधीजनों को इस कथा की संवेदना भूमि के ये दो पक्ष अपनी ओर आकर्षित करेंगे।

मकर संक्रान्ति
१५.१.२०००
प्रयाग

योगेन्द्र प्रताप सिंह
प्रोफेसर, हिन्दी विभाग
इलाहाबाद विश्वविद्यालय

विषय-सूची

(अंक पृष्ठ संख्या के सूचक हैं)

हनुमान के व्यक्तित्व का विकास और सुन्दरकांड

सुन्दरकांड की कथा मुख्यतः हनुमान से जुड़ी हुई है और यही कथा रामकथा के अन्तर्गत हनुमान को श्रीराम के साथ सह नायकत्व प्रदान करती है। प्रायः अरण्यकांड तक की कथा के पूर्व हनुमान का राम कथा में कहीं कोई प्रकरण नहीं आया है। यह कथा अरण्यकांड के समाप्त होते-होते आकर शेष रामकथा से इस प्रकार जुड़ जाती है, जैसे इसी के निमित्त रामकथा अब तक रुकी हुई थी। इस कथा के सहनायक हनुमान का आकस्मिक अवतरण उनके व्यक्तित्व के विषय में अनेक जिज्ञासाएँ उत्पन्न करता है क्योंकि उनका कहीं भी विस्तृत और प्रामाणिक जीवन वृत्त अब तक नहीं प्राप्त होता है।

हनुमान के व्यक्तित्व के विषय में अनेक मत हैं और प्रायः विद्वानों ने इन मतों के माध्यम से उनके पक्ष को स्पष्ट करने का प्रयास किया है किन्तु ये पक्ष अभी तक एक निश्चित निष्कर्ष तक नहीं पहुँचते।

अति संक्षेप में, हनुमान के विषय में निम्नलिखित धारणायें इतिहासकारों के बीच व्याप्त हैं—

(१) इस विषय में पहला मत डॉ० याकोबी का है। उनका मत है कि हनुमान के व्यक्तित्व एवं कथा को इन्द्र से जोड़कर देखना चाहिए। उन्होंने एतदर्थ इन्द्र के एक पर्यायवाची नाम का उल्लेख किया है, वह है "**शिप्रावत्**"। यास्क ने शिप्रा शब्द की निरुक्ति करते हुए बताया है कि—

'शिप्रे हनू नासिके वा'

अर्थात्, जिसकी नासिका या हनु (युगल कपोलान्त या ठुड्डी) अत्यन्त सुन्दर हो, वह इन्द्र है। यहाँ सुन्दर हनु वाला इन्द्र का यह विशेषण हनुमान के समीप पहुँचाता है क्योंकि 'हनूमान' शब्द की भी ऐसी ही व्युत्पत्ति है

'हनु + मतुप्' = हनूमान

अर्थात्—'महाहनूत्वात् हनूमान् वर्तते'। विशाल या श्रेष्ठ हनु कपोलान्त के कारण हनुमान हनूमान या हनुमान कहलाए गए। वाल्मीकि रामायण के प्रक्षिप्तांश में यह कथा आती है कि शिशु हनुमान पर इन्द्र ने वज्र से प्रहार किया था और यह प्रहार उनकी ठुड्डी पर पड़ा था, जिससे उनकी हनु अन्य वानरों की अपेक्षा थोड़ी बड़ी हो गई थी, इसलिए उन्हें हनुमान कहा जाता रहा है। वाल्मीकि रामायण का

यह प्रक्षिप्तांश बहुत बाद का है, अतः इसे वैदिक सन्दर्भ की ओर ले जाना बहुत उचित नहीं है, फिर भी, इतना तो सत्य है कि इन्द्र तथा हनुमान के 'हनु' प्रदेश के बीच एक संगति वर्तमान है।

डॉ० याकोबी ने अपने अभिमत की पुष्टि के लिए इन्द्र द्वारा नियंत्रित उन मरुत संघों का उल्लेख किया है जो समय-समय पर उनके नियंत्रण में चला करते थे। हनुमान को 'मारुति' या मरुत पुत्र कहा जाता है, अतः उनका मत है कि इन्हीं मरुत संघों से उनका विकास हुआ होगा।

दूसरे वर्ग के विद्वानों का मत है कि हनुमान रुद्र के एकादश अवतार हैं। इस एकादश अवतार के प्रकरण को वैदिक देवता 'वृषाकपि' से जोड़ा जाता है। वैदिक साहित्य में 'वृषाकपि' का उल्लेख मिलता है किन्तु ये रुद्र के गण नहीं, अन्य विशिष्ट देवता के रूप में हैं। शिवपुराण के अन्तर्गत 'वृषाकपि' को शिव का एक नाम माना गया और इसलिए विद्वान उस साक्ष्य से हनुमान को 'वृषाकपि' के रूप में स्वीकार करके उन्हें 'हनूमान' का अवतरित रूप मानते हैं। वैसे वृषाकपि का अर्थ विद्वानों ने प्रजनन देवता भी लिया है। इनका सम्बन्ध वृषण कर्म से है।

जहाँ तक शिव के हनूमान के रूप में अवतरण का प्रश्न है, यह ९वीं शती से इंगित किया जाने लगा था। आनन्द रामायण में कहा गया है—**'रुद्रावतारः संजज्ञे वायु पुत्र प्रतापवान्'**

हनुमत शत्रुंजयस्तोत्र में कहा गया है कि—

रुद्रावतार संसार दुःखभारापहारकः
लोल लांगूल पातेन ममारातीन्निपातय।

स्कन्दपुराण में भी यही बताया गया है कि—

शिलादतनयो नन्दी शिवस्यानुचरः प्रियः।
यो वै चैकादशो रुद्रो हनूमान स महाऋषिः।

यही सन्दर्भ, शिव पुराण का भी है—

ततश्य समये तस्मात् हनूमानिति नामभाक्।
शर्म्भुजज्ञे कपितनु महाबल पराक्रमः॥

नारदपुराण भी हनुमान के इस अवतरण का उल्लेख इस प्रकार है—

लोकोत्तरगुणः श्रीमान् पातुः त्र्यम्बक सम्भवः।

हनुमन्नाटक में यह अवतरण प्रसंग कई स्थलों पर इंगित है। हनुमान जब सीतान्वेषण के लिए तत्पर होते हैं, तब जाम्बवान् श्रीराम से कहते हैं—

ततो जाम्बवान्। देव रुद्रावतारोऽयं मारुतिः, रुद्रस्तुतिः क्रियताम्। रामचन्द्रो रुद्रस्तुतिं कृत्वा भो भो मारुते त्वया विहीनः कः कर्त्तं समर्थोऽस्ति।

हनुमान जब लंका दहन करने लगे तब रावण को ज्ञात हुआ कि ये हनुमान रुद्रावतार हैं फिर उसे आश्चर्य भी हुआ कि ये रुद्ररूप हनुमान मेरा नगर क्यों जलाए डाल रहे हैं—

''यद्ययं रुद्रो मारुतिस्तर्हिं किमिति रुद्रभक्तस्य मे नगरी दहति'' अहह ज्ञातम्—

रावण रुद्र हनुमान द्वारा लंका नगरी जलाये जाने के कारण को स्पष्ट करता हुआ कहता है—

तुष्टः पिनाकी दशभिः शिरोभिः
तुष्टो न चैथादशको हि रुद्रः।
अतो हनूमानान्दहतीति कोपात्
पंक्तेहि भेदो न पुनः शिवाय।

(पिनाकधारी शिव मेरे दस मस्तक के चढ़ाने से प्रसन्न तो हुये किन्तु ग्यारहवें रुद्र प्रसन्न न हुए और यही कारण है कि वे मेरी नगरी जला रहे हैं। ठीक ही कहा गया है पंक्ति भेद करना कभी शिव को अच्छा नहीं लगता।)।

गोस्वामी तुलसीदास ने हनुमान को सर्वत्र शिव का अवतार ही माना है। वे विनय पत्रिका में कहते हैं—

जयति मंगलागार संसारभारापहं वानराकार विग्रह पुरारी।

दोहावली में इस सन्दर्भ में उनके दो दोहे आते हैं—

जेहिं सरीर रति राम सों सोइ आदरहिं सुजान।
रुद्र देह तजि नेहबस बानर भे हनुमान।
जानि राम सेवा सरिस समुझि करब अनुमान।
पुरखा ते सेवक भये हर ते भे हनुमान॥

यही नहीं, वायु का भी सम्बन्ध रुद्र से बताया गया है। ऋग्वेद में वायु रुद्र पुत्र हैं—'वेद्या हि रुद्रियाणां शुष्पभुग्रं मरुतम्—(ऋग्वेद), या —मरुतो रुद्र पुत्रासः। शिव या रुद्र के आठ तत्त्व हैं—जल, पृथ्वी, तेज, वायु, आकाश, सूर्य, चन्द्रमा तथा यजमान। हनुमान वायु पुत्र हैं और शिव इन आठ तत्त्वों को वश में रखकर सृष्टि का नियंत्रण एवं असन्तुलन करके प्रलय करते हैं। इस प्रकार, रुद्रावतार हनुमान शैव तत्त्व से जुड़े हैं।

'रुद्र तथा शिव तत्त्व' पर पर्याप्त विवाद है। रुद्र वैदिक देवता हैं और शिव का सम्बन्ध द्रविण संस्कृति से रहा है। विद्वानों का अनुमान है कि आर्य तथा अनार्य संस्कृतियों के पारस्परिक विलय के पश्चात् अत्यधिक साम्य के कारण 'रुद्र तथा शिव' का व्यक्तित्व एक साथ मिल गया और रुद्र ही शिव हो गए। यहाँ सबसे महत्त्वपूर्ण तथ्य यह है कि हनुमान का यह अवतरण किस रूप में शिव से सम्बद्ध

किया गया? मूलतः आकाशचारी, अग्नि के विनाश के लिए उपयोग करने तथा वायु का आधार बनाकर विचरण करने वाले हनुमान को रुद्र से इसीलिए जोड़ा गया कि वे रुद्र तत्त्वों के अधिक समीप हैं। हनुमान के रुद्ररूप का यह साक्ष्य लगभग आठवीं शती से मिलने लगता है।

रामकथा के विशेषज्ञ डॉ० फादर कामिल बुल्के ने भारतीय हिन्दी परिषद् से प्रकाशित धीरेन्द्र वर्मा, विशेषांक के अन्तर्गत हनुमानत्व के विकास पर एक लम्बा आलेख प्रस्तुत किया है। उनका एक अभिमत यह है कि हनुमान का प्राचीन नाम 'आण्मन्द' है और यह आज भी तमिल साहित्य में प्रचलित है। आणमन्द का अर्थ है, वर्षा कपि। ये श्रीराम के काल में या बाद में आदिम जातियों के बीच प्रचलित रहे होंगे और रामकथा के गायक चारणों ने रामकथा के साथ इनका सम्बन्ध जोड़कर इन्हें हनुमान बना डाला।

यही नहीं, हनुमान के विषय में एक अवधारणा यह भी है कि ये यक्षों के पराक्रमी देवता रहे होंगे। यक्ष, किन्नर एवं चारण जातियों ने अपने कुल देवता हनुमान को रामकथा के साथ जोड़कर उन्हें उनका सहनायक बनाया है। महाभारत के अरण्यपर्व में दो श्लोक इस आशय के मिलते हैं कि हनुमान हिमालय पर्वत पर यक्ष, किन्नर एवं गन्धर्वों द्वारा पूजित श्रीराम कथा का निरन्तर गान करते रहते हैं। संगीत शास्त्र में हनुमान को संगीत का उद्‌भावक आचार्य माना जाता है। एक स्थल पर आदि संगीताचार्यों के नामों का उल्लेख करते हुए यह श्लोक कहा जाता है—

आञ्जनेयो मातृगुप्तो रावणो नन्दिकेश्वरः।
स्वातिर्गणो विन्दुराजः क्षेत्रराजश्य काहिलः॥

अर्थात्, संगीत शास्त्र के आठ प्रवर्तक आचार्यों में हनुमान के नाम का भी उल्लेख है। आचार्य भरत ने मातृगुप्त, नन्दिकेश्वर, स्वाति तथा काहिल इन चार नामों का उल्लेख नाट्यशास्त्र में किया है।

वाल्मीकि रामायण में हनुमान के लिए 'वीर' या 'महावीर' शब्दों का प्रयोग अनेकशः हुआ है। यह 'वीर' शब्द यक्षवाचक भी है। ये यक्ष चारण जातियों के साथ रही हैं और चारणों ने ही श्रीराम कथा का पल्लवन तथा विकास किया है। वाल्मीकि भी नितान्त स्पष्ट शब्दों में कहते हैं कि उन्हें यह अतुलनीय चरित्र चारणों के गायन से प्राप्त हुआ है—

ततो रावणनीतायाः सीतया शत्रुकर्षणः।
इत्येष पदमन्वेष्टुं चारणाचरिते पथि।

हनुमान ने सीतान्वेषण के लिए उस पथ पर जाने का विचार किया जिस मार्ग पर चारण विचरण करते थे। यहाँ 'चारण' एवं 'आचरिते' दोनों पदों में श्लेष है और जिसका दूसरा अर्थ हुआ कि मैं हनुमान की कथा (सीतान्वेषण प्रसंग) को

अब उस प्रणाली (पथि) से कहना चाहता हूँ, जिसका वर्णन चारण गण करते हैं। विद्वानों का ऐसा विश्वास है कि, चारणों द्वारा गाई जाने वाली यक्ष देवता की इस कथा के सुन्दरकांड के अन्तर्गत वाल्मीकि ने सर्वथा उन्हें नया आयाम दिया। वैसे इस सन्दर्भ में यह भी एक तथ्य विचारणीय है कि वाल्मीकि के हनुमान राम के दूतकर्म में संलग्न हनुमान मात्र नहीं हैं, वे कवि हनुमान भी हैं और सीता के साथ बातचीत करते समय हनुमान के इस व्यक्तित्व को उन्होंने उभारा है। यक्षों, गन्धर्वों एवं चारणों के साथ उनके कवि व्यक्तित्व की भी संगति बैठ जाती है।

हनूमान का एक व्यक्तित्व पवन पुत्र का भी है। वाल्मीकि रामायण में हनुमान सीता को अपना परिचय इस प्रकार देते हैं—

हतेऽसुरे संयति शम्बशासने
कपि प्रवीरेण महर्षि चोदनात्,
ततोऽस्मि वायु प्रभवोहि मैथिलि
प्रभाववतस्तत्प्रतिमश्च वानरः।

"महर्षियों की प्रेरणा से कपिवर केसरी द्वारा युद्ध में शम्बसादन नामक असुर के मारे जाने पर मैंने पवन देवता के द्वारा जन्म ग्रहण किया है। अतः मैथिलि! मैं उन वायु देवता के समान ही प्रभावशाली वानर हूँ।"

वाल्मीकि रामायण के प्रक्षिप्त में हनुमान की उत्पत्ति से सम्बन्धित अधोलिखित श्लोक हैं—

सूर्यदत्तवरस्वर्णः सुमेरुर्नाम पर्वतः।
यत्र राज्यं प्रशास्त्यस्य केशरी नाम वै पिता।
तस्य भार्या वभूवेष्टा अंजनेति परिश्रुता।
जनयामास तस्यां वै वायुरात्मजमुत्तमम्॥ (वाल्मीक रा०)

"भगवान सूर्य के वरदान से जिसका स्वरूप सुवर्णमय हो गया है, ऐसा रूप सुमेरु नाम से प्रसिद्ध पर्वत है, जहाँ हनुमान के पिता केशरी राज्य करते हैं। उनकी अंजना नाम से विख्यात प्रियतमा पत्नी थी। उसके गर्भ से वायुदेव ने एक उत्तम पुत्र को जन्म दिया।"

वायु पुत्र हनुमान की यह कथा परवर्ती काल में अधिक प्रचलित रही और इस कथा का प्राचीन साक्ष्य वाल्मीकि रामायण ही है। अध्यात्म रामायण में श्रीराम को स्वयं हनुमान अपना परिचय देते हुए बतलाते हैं—

अहं सुग्रीव सचिवो वायुपुत्रो महामते।
हनुमान नाम विख्यातो ह्यजंनीगर्भसम्भवः॥

एक अन्य स्थल पर इसी प्रकार बताया गया है कि—

मारुतस्यौरसः श्रीमान हनूमान नाम वानरः।
वज्रसंहनोपेतो वैनतेय समो जवो॥

'रुद्र एवं वायु' को परस्पर एक जोड़कर विद्वानों ने रुद्रावतार या वायु पुत्र हनुमान की भी परिकल्पना की है तथा शिव पुत्र होने के लिए विष्णु के मोहिनी रूप की चर्चा को हनुमान के जन्म प्रसंग से जोड़ दिया गया तथा उन्हें 'शंकर सुवन' माना। हनुमान का वायु पुत्र विषयक प्रसंग वाल्मीकि रामायण के उत्तरांश के प्रक्षिप्त अंश में अत्यन्त विस्तारपूर्वक दिया गया है। वायु पुत्र का यह प्रकरण रुद्रावतार की ही भाँति विभिन्न पुराणों में चर्चा का विषय बना हुआ है।

परवर्ती काल में हनुमान के व्यक्तित्व का विकास श्रीराम भक्त के रूप में हुआ और अध्यात्म रामायण तथा श्रीरामचरित मानस में उन्हें श्रीराम की अनपायिनी भक्ति का साधक माना गया। हनुमान का यह परवर्ती व्यक्तित्व अनेक रूपों में श्रीराम से अभिन्न हो गया है। कथित है—

देहदृष्ट्या तु दासोऽहं जीव दृष्ट्या त्वंदशकः।
वस्तु तस्तु त्वमेवाऽहं इति मे निश्चितामतिः॥

यहाँ हनुमान अपने को श्रीराम की सायुज्य भक्ति से जोड़कर रागमय हो उठते हैं। तुलसी भी हनुमान के विषय की कल्पना कुछ अपनी ही है। उन्होंने कवितावली के अनेक छन्दों में उनके माहात्म्य का स्तवन किया है। इस माहात्म्य स्तवन में उनकी कृतज्ञता अधिक छिपी है क्योंकि तुलसी को तुलसीदास बनाने वाला व्यक्तित्व हनुमान का ही है। अपने जीवन के अन्तिम दिनों में बाहुपीड़ा के संकट से मुक्ति पाने के लिए उन्होंने हनुमान बाहुक की रचना करके उनके प्रति अखंडित आस्था व्यक्त की है।

रामकथा का सुन्दरकांड इन्ही हनुमान की अतुलनीय बलशीलता का साक्ष्य है। शत योजन समुद्र का लंघन तथा लंका के प्रचंड दुर्ग में प्रवेश करके एवं अनेक विषम परिस्थितियों में सीतान्वेषण का कार्य सम्पन्न करना हनुमान के वश का ही कार्य है। जाम्बवान् तथा अंगद विशाल सागर को देखकर जब निराश हो उठते हैं तो हनुमान ही श्रीराम कथा की टूटी हुई कड़ी को अकेले आगे बढ़ाने का दायित्व निभाते हैं और श्रीराम के अयोध्या प्रत्यागमन तक इस उत्तरांश कथा के सहनायक बनकर सम्पूर्णतया अपने दायित्व का निर्वाह करते हैं।

वाल्मीकि आदि कवियों ने चारणों द्वारा गाये जाने वाले रामकथा के इस हनुमान प्रसंग को विकसित करके सुन्दरकांड जैसी कथावस्तु की रचना की। इस रचना के बाद से आज तक भारतीय समाज में निःस्वार्थ, अकारण श्रीराम के सेवक एवं सखा हनुमान की गाथा श्रद्धा एवं भक्ति के साथ गाई जाती है।

●

सुन्दरकांड की कथावस्तु का विवेचन

सुन्दरकांड की कथावस्तु का सम्बन्ध हनुमान के दूत कर्म से है। यही सन्दर्भ वाल्मीकि रामायण में मिलता है। परवर्ती राम कथा के प्रयोक्ताओं ने इसी सन्दर्भ को इस कांड से जोड़ा है। इस कथा के, इसीलिए, नायक हनुमान ही हैं। हनुमान ने एक अच्छे दूत के कर्मों का अनुसरण करते हुये बल, बुद्धि, धैर्य, चातुर्य, विवेक के आधार पर अपने सम्पूर्ण दायित्व का निर्वाह किया है। हनुमान द्वारा सिद्ध की गई यह सहायक कथा मुख्यत: मूल कथा की उपकारक कथा बन गई है। अपनी निष्ठा तथा तेजस्विता के कारण हनुमान परवर्ती रामकथा के सहनायक बन गये हैं।

तुलसी द्वारा प्रयुक्त सुन्दरकांड की कथा की मौलिकता के विवेचन के लिए वाल्मीकि तथा अन्य रामायणों के कथा प्रसंगों का तुलनात्मक विवेचन आवश्यक है। तुलनात्मक कथा प्रसंगों की तालिका इस प्रकार है—

वाल्मीकि रामायण	**अध्यात्म रामायण**	**हनुमन्नाटक**	**श्रीरामचरित मानस**
१. हनुमान का समुद्र लंघन	१. समुद्र लंघन	१. राम के द्वारा अंगूठी देना	१. समुद्र लंघन
२. मैनाक प्रसंग	२. ×	२. समुद्र लंघन	२. मैनाक प्रसंग
३. सुरसा प्रसंग	३. सुरसा प्रसंग	३. मैनाक प्रसंग	३. सुरसा प्रसंग
४. सिंहिका प्रसंग	४. सिहिंका प्रसंग	४. सीता को मुद्रिका देना	४. लंकिनी प्रसंग
५. लंका प्रसंग	५. लंका प्रसंग सीता विलाप	५. मुद्रिका देखकर	५. सीतान्वेषण
६. रावण के अन्त:पुर में प्रवेश की सूचना	६. लंका द्वारा अशोक बाटिका का कथन	६. सीता को आश्वासन	६. विभीषण मिलन
७. रावण की स्त्रियों का दर्शन, पुष्पक विमान का दर्शन	७. अशोक वाटिका गमन	७. अशोक वाटिका में हनुमान का उत्पात	७. अशोक वाटिका प्रवेश

८. अशोक बाटिका में प्रवेश	८. रावण आगमन	८. हनुमान का पकड़ा जाना	८. रावण प्रसंग और एक मास का समय देना
९. राक्षसियों से घिरी सीता का दर्शन	९. दो मास का रावण द्वारा समय देना	९. हनुमान रावण संवाद	९. सीता त्रिजटा संवाद
१०. रावण का आगमन	१०. सीता से हनुमान की भेंट	१०. पूँछ में कपड़े बांधना	१०. सीता हनुमान भेंट
११. रावण द्वारा सीता को समझाया जाना और सीता की अस्वीकृति	११. सीता हनुमान भेंट	११. लंका दहन	११. अशोक वाटिका विध्वंस
१२. राक्षसियों द्वारा सीता को समझाया जाना	१२. वाटिका विध्वंस	१२. वाटिका विध्वंस	१२. हनुमान राक्षस
१३. त्रिजटा प्रसंग हनुमान रावण संवाद	१३. रावण सभा में संवाद	१३.	१३. हनुमान रावण संवाद
१४. सीता को हनुमान का श्रीराम की कथा सुनाया	१४. लंका दहन	१४. सीता से विदा तथा सीता का अभिज्ञान चिह्न एवं जयन्त तथा मन: शिला प्रसंग	१४. लंका दहन
१५. सीता-हनुमान परिचय चिन्हों, जयन्त एवं मन:शिला प्रसंग का कथन	१५. सीता से विदा तथा अभिज्ञान एवं सम्पूर्ण समाचार बतलाना	१५. हनुमान द्वारा सीता को सान्त्वना	१५. हनुमान का सीता से विदा एवं अभिज्ञान की प्राप्ति
१६. श्रीराम कथा का हनुमान द्वारा वर्णन किया जाना	१६. श्रीराम को सीता का समाचार देना	१६. सीता के वियोग की दशा का वर्णन	१६. प्रत्यागमन एवं किष्किंधा प्रवेश
१७. हनुमान का मुद्रिका देना	१७. **समापन**	१७. सेना का प्रस्थान **समापन**	१७. सुग्रीव मिलन तथा हनुमान श्रीराम संवाद
१८. सीता का संदेश तथा अभिज्ञान चिह्न के रूप में चूड़ामणि, जयन्त प्रसंग एवं मन: शिला का चित्र रचना प्रसंग से सम्बद्ध है।			१८. सीता का सम्पूर्ण समाचार देना

१९.	हनुमान द्वारा प्रमदा एवं चैत्य वन का विध्वंस	१९.	रण प्रयाण और सेना सहित श्रीराम का समुद्र तट पर आना
२०.	हनुमान का अपने को दूत बताकर रावण को समझाना	२०.	मंदोदरी रावण संवाद
२१.	विभीषण का मृत्युदंड से हनुमान को छुड़ाना तथा रावण द्वारा पूँछ में आग लगाने का आदेश	२१.	रावण-विभीषण संवाद तथा पद प्रहार से अपमानित विभीषण का श्रीराम की शरण में आना
२२.	लंकादहन	२२.	विभीषण की शरणागति
२३.	हनुमान का प्रत्यागन	२३.	रावण के गुप्त चर एवं दूत शुक सारण का राम की सेना में आना
२४.	श्रीराम को सीता का समाचार हनुमान द्वारा दिया जाना	२४.	दूतों द्वारा लक्ष्मण की पत्रिका का ले जाना
२५.	सीता के गुप्त अभिज्ञान चिह्नों एवं संदर्भों का हनुमान द्वारा बताया जाना	२५.	दूतों द्वारा रावण को समझाया जाना
२६.	**समापन**	२६.	समुद्र से विनय एवं सेतु रचना **समापन**

यद्यपि सुन्दरकांड की रचना सर्वत्र वाल्मीकि रामायण पर ही आधारित तथापि वाल्मीकि एवं तुलसी के सुन्दरकांड कथा प्रसंग एवं वर्णन दृष्टि में पर्याप्त भिन्नता है।

वाल्मीकि का सुन्दरकांड समृद्ध काव्य वर्णन का अद्वितीय उदाहरण है। कवि अपने समय के वर्णित समस्त प्रसिद्ध अलंकारों, वर्णन परिपाटियों चौंसठ काव्य लक्षणों, दस काव्य गुणों एवं रचनाविधान की समस्त प्रौढ़ियों को यहाँ रखने का प्रयत्न करता है। समुद्रोलंघन के लिए तत्पर हनुमान की सूक्ष्मातिसूक्ष्म दर्पभरी

चेष्टाओं एवं कौतुक पूर्ण कृत्यों का वर्णन बड़ी सूक्ष्मता से वह करता है। कवि वर्णन वैचित्र्य के विविध उपायों से इस कांड को निश्चित ही काव्य रचना का सुन्दरतम मानक सिद्ध करने की चेष्टा करता है। हनुमान सीता के समक्ष पहुँचकर चिन्ता करते हैं कि मैं किस भाषा में सीता से बातचीत करूँ ताकि मेरी बात की विश्वसनीयता संदेहास्पद न हो और तय करते हैं कि अयोध्या में बोली जाने वाली भाषा का मैं वार्ता में उपयोग करूँगा। जब वाल्मीकि हनुमान की भाषा की चिन्ता करते हैं तो वह सामान्य भाषा से भिन्न काव्यभाषा की चिन्ता का प्रश्न बन जाता है क्योंकि समग्र वाल्मीकि रामायण भाषा के आवरण से मंडित एक काव्य है। यदि वाल्मीकि की इस भाषा का विश्लेषण करें तो सीता के ही शब्दों में कहना पड़ेगा—'अहो शब्द माधुयर्म्' वाल्मीकि ने कविता की प्रौढ़ियों का निरूपण 'पुरुष लक्षणम्' के अनुरूप श्रीराम तथा लक्ष्मण की शरीर रचना का मापन करके किया है। संदेश देने के सन्दर्भ में अभिज्ञान के साथ-साथ एकान्त में घटित उन प्रणय प्रसंगों का उल्लेख भी इसी परिपाटी के अन्तर्गत आता है, जिसका ज्ञान अन्य को न होकर केवल नायक-नायिका के ही बीच का है। सीता हनुमान को अपना अत्यन्त एकान्त घटित जयन्त प्रसंग सुनाती है और यही नहीं, कपोल रचना के स्खलित हो जाने पर श्रीराम द्वारा पुनः कपोल प्रदेश पर पत्रावली रचना कर देना संदेश की विश्वसनीयता का आधार है। दूत द्वारा संदेश प्रेषक की ये काव्यात्मक रूढ़ियाँ हैं और वाल्मीकि उन रूढ़ियों का सर्वथा ललित प्रयोग करके इस कांड के काव्य वैभव को समृद्ध कर देते हैं। वाल्मीकि के सुन्दरकांड की रचना का आधार परम्परा में चारणों द्वारा गाया जाने वाला हनुमान कथावृत्त है। वाल्मीकि हनुमान को इस कांड में वाल्मीकि हनुमान को शक्तिशाली चतुर गुप्तचर एवं पराक्रमी दूत के ही रूप में नहीं प्रस्तुत करते अपितु उन्हें एक समर्थ कवि जैसा भी बनाकर सामने लाते हैं।

श्रीरामचरितमानस में वाल्मीकि जैसा सफल काव्य वर्णन गत अर्थ वैभव विलास यहाँ नहीं दिखाई पड़ता। तुलसी ने सम्पूर्ण कथा में हनुमान की शक्ति, पराक्रम, दूत कर्म आदि को इंगित करते हुए उनके व्यक्तित्व में अपनी अनन्य आस्था तथा श्रद्धाविश्वास के अक्षय आधार को प्रस्तुत किया है। वाल्मीकि के हनुमान शक्ति के पुंज हैं किन्तु तुलसी के हनुमान शक्ति के पुंज होते हुये भी उनकी भक्ति तथा आस्था के सम्बल है। हनुमान के व्यक्तित्व को यहाँ निर्मित करने में तुलसी ने वाल्मीकि रामायण के साथ-साथ अन्य कथा स्त्रोतों का भी आलम्बन ग्रहण किया है।

वाल्मीकि तथा तुलसी कथा की भिन्नता—

वाल्मीकि कथा का सुन्दरकांड अत्यन्त व्यापक एवं विस्तृत वर्णनविधानों से समन्वित है, दूसरी ओर रामचरितमानस की कथावस्तु संक्षिप्त है। वाल्मीकि ने जहाँ अनेक प्रसंगों का विस्तारपूर्वक वर्णन किया है, तुलसी वहाँ उस प्रसंग को

एकाध पंक्ति में इंगित करते हैं। उदाहरण के लिए मैनाक प्रसंग। वाल्मीकि ने इस प्रसंग को अत्यन्त विस्तार पूर्वक चित्रित किया है, किन्तु तुलसी मात्र चार पंक्तियों में इस प्रसंग को रखते हैं।

सम्भवत: वाल्मीकि ने चारणों में प्रचलित हनुमान से सम्बन्धित इस कथा को उसी रूप में चित्रित करने की चेष्टा की है, जैसी वह उस समय थी क्योंकि वे अपनी रामायण के अन्तर्गत अनेक स्थानों पर चारणों द्वारा गाई जाने वाली इस कथा का उल्लेख करते हैं। अत्युक्ति पूर्ण हनुमान की चरित्र गाथा का पूर्ण विकास हमें वाल्मीकि में मिलता है जबकि तुलसीदास इस कथा को उतना विस्तार नहीं देते। वे प्राय: अपनी रुचि, आस्था, हनुमान के अधिदैवत् व्यक्तित्व को इंगित करने वाले तत्त्वों तथा श्रीराम के भक्ति विषयक सन्दर्भों को रुचि के साथ वर्णित करते हैं—वाल्मीकि में जहाँ साहित्यिक वैभव तथा कथाबन्ध के सन्तुलन को ध्यान में रखकर इसे विकसित किया गया है, वहाँ तुलसी में वह दृष्टि गौंण दिखाई पड़ती है।

अध्यात्म रामायण तथा तुलसी की कथा की भिन्नता—

तुलसी के आलोचकों ने मानस की कथा पर अध्यात्म रामायण के प्रभाव का निरूपण किया है किन्तु सुन्दरकांड का तुलसीदास द्वारा निर्मित कथा विधान तंत्र अध्यात्म रामायण से भिन्न है। सीतान्वेषण में तत्पर हनुमान को विभीषण से मिलाना तुलसी की अपनी परिकल्पना है और यह न वाल्मीकि रामायण में है और न अध्यात्म में। रावण-हनुमान का विस्तारपूर्वक जो संवाद तुलसी ने प्रस्तुत किया है, वह अध्यात्म रामायण में नहीं है। हनुमान के लौटते समय चूड़ामणि के साथ जिन स्मृति चिह्नों का संकेत वाल्मीकि तथा अध्यात्म रामायणकार करते हैं, उसे तुलसी तदवत् नहीं लेते। अध्यात्म रामायण यद्यपि शैव प्रभाव की छाया में लिखा गया है, फिर भी, हनुमान में रुद्र तत्त्व की प्रतीति अध्यात्म रामायण नहीं कराता, जबकि मानस के सुन्दरकांड में इस प्रकार के सांकेतिक सन्दर्भ वर्तमान हैं। अध्यात्म रामायण का सुन्दरकांड हनुमान द्वारा श्रीराम को संदेश देने के बाद समाप्त हो उठता है, जबकि मानस का यह प्रकरण समुद्र सेतु निर्माण तक चलता है।

तुलसी के सुन्दररकांड की कथावस्तु के वैशिष्ट्य का विवेचन—

तुलसी का सुन्दरकांड, जैसा कि, कहा गया है, मुख्यत: श्रीराम के माहात्म्य एवं हनुमान के प्रति अतिशय श्रद्धा प्रदर्शन भाव के बीच रचा गया है। वाल्मीकि रामायण का मूल मन्तव्य हनुमान के द्वारा दौत्य कर्म का सम्पादन कराना था। तुलसी इस सम्पादन के साथ अपनी भक्ति एवं हनुमान के प्रति अपनी अक्षय श्रद्धा जोड़ते हैं। तुलसी के सुन्दरकांड का मुख्य मन्तव्य दूत कर्म ही नहीं है। वे समग्र कथा को ले जाकर समुद्र सेतु तक पहुँचा देते हैं। वाल्मीकि रामायण में समुद्र तट की कथा युद्धकांड में है, यहाँ यह सुन्दरकांड में है। वे लंकाकांड की कथा का

आरम्भ करते समय सम्पूर्ण सेना को ले जाकर लंका पहुँचा देते हैं और इस प्रकार सुन्दरकांड की कथा न केवल दूतकर्म से ही सम्बद्ध है अपितु वह कथा सेना के रण प्रयाण एवं युद्ध में आगत अवरोधों की समाप्ति से जुड़ जाती है।

तुलसीकृत सुन्दरकांड की कथा में भक्ति एवं श्रीराम माहात्म्य को इंगित करने के अनेकानेक अवसर कवि द्वारा निकाले जाते हैं। कवि हनुमान की शक्ति तथा सामर्थ्य को श्रीराम की कृपा मात्र बताता है। विभीषण मिलन श्रीराम भक्ति तथा माहात्म्य को इंगित करने का कवि द्वारा गढ़ा गया एक महत्त्वपूर्ण प्रसंग है। कवि इस प्रसंग के माध्म से न केवल कथा को आगे बढ़ाने का प्रयास करता है अपितु श्रीराम की भक्ति के स्वरूप को भी स्पष्ट करना चाहता है। हनुमान रावण संवाद भी इसी श्रीराम माहात्म्य प्रकरण का एक अंग है। मंदोदरी रावण संवाद भी श्रीराम के महत्त्व को इंगित करने के लिए रचा गया है। इसी प्रकार सुन्दरकांड के कथा प्रसंग दूसरे मन्तव्यों से गढ़े गए प्रतीत होते हैं। एक ओर उन प्रसंगों द्वारा कथा को आगे बढ़ाया जाता है तो दूसरी ओर उनके द्वारा श्रीराम के माहात्म्य तथा उनकी भक्ति को भी इंगित किया जाता है—जो अन्यत्र नहीं है। इस प्रकार, सुन्दरकांड की कथा दुहरे अर्थ विधानों से सम्पृक्त है।

सुन्दरकांड की कथावस्तु में हनुमान का सहनायक के रूप में आकस्मिक रूप से प्राकट्य होता है, फिर भी, इसकी भूमिका किष्किंधाकांड में ही बन जाती है। किष्किंधाकांड के उत्तरांश का वह प्रकरण जब श्रीराम का आशीर्वाद तथा सुग्रीव की आज्ञा प्राप्त करके सम्पूर्ण कपि सेना सीतान्वेषण के लिए तत्पर होती है तो सबसे अन्त में हनुमान आते हैं और श्रीराम को यह विश्वास है कि हनुमान ही उनके नितान्त विश्वसनीय एवं अपने हैं। आत्मीयता भाव के कारण वे उनके सिर का स्पर्श करके उन्हें अपनी स्मृति चिह्न सीता को देने के लिए सौंपते हैं—

हनुमान का यह प्रसंग सुन्दरकांड की कथा की भूमिका है, जो किष्किंधाकांड के अन्तर्गत ही वर्णित है। वाल्मीकि रामायण में भी इसी प्रकार का कथा विन्यास है किन्तु अध्यात्म रामायण में यह कथा सुन्दरकांड में आ जाती है। किष्किंधा कांड की प्रस्तावित कथावधारणा सुंदरकांड में अपनी परिपूर्णता प्राप्त करती है, अतः वाल्मीकि की भाँति तुलसी सुन्दरकांड का प्रारम्भ हनुमान के शक्ति प्रदर्शन से ही करते हैं।

तुलसी की सुन्दरकांड की कथावस्तु में केन्द्रीयता सीतान्वेषण की तत्परता अपहता सीता के समाचार से प्रेरित वानर सेना सहित श्रीराम के रण प्रयाण की है। तुलसी यहाँ सम्पूर्ण सुन्दरकांड की कथा को हनुमान शक्ति की केन्द्रीयता पर नहीं आधारित करते। वाल्मीकि तथा अध्यात्म रामायण दोनों में श्रीराम को सीता का समाचार दे देने के बाद यह कथा समाप्त हो उठती है। दोनों रामायणों के रचनाकार हनुमान को सम्पूर्ण कथा का केन्द्रीय नायक बनाना चाहते थे। तुलसी ने

मानस के सुंदरकांड की रचना में इस दृष्टिकोण को परिवर्तित करते हुए सीता को प्राप्त करने की तत्परता को इस कांड का मुख्य विषय बनाया है। यह सत्य है कि सुन्दरकांड के हनुमान और उनकी कथा को परम्परया महत्त्व प्रदान करते हुए भी कवि ने सम्पूर्ण कथा का समापन सेतु रचना प्रकरण में की।

तुलसी की सुन्दरकांड की कथा वस्तु में हनुमान कथा महत्त्वपूर्ण है या श्रीराम भक्ति? यह एक विचारणीय समस्या है। मूलतः मानस की रचना का मुख्य लक्ष्य श्रीराम की कथा के माध्यम से उनके महत्त्व का निरूपण ही है। यह कथा गौंण है, प्रमुख है, श्रीराम भक्ति का निरूपण। श्रीरामचरित मानस में कथा श्रीराम माहात्म्य को व्यंजित करने का एक बहाना मात्र है। तुलसी की रामकथा श्रीराम भक्ति एवं उनके माहात्म्य को इंगित करने के लिए विन्यस्त है। सुन्दरकांड में भी यही स्थिति दिखाई पड़ती है। श्रीराम के माहात्म्य निरूपण के प्रकाश में हनुमान की कथा गौंण हो उठती है और कवि उन्हीं स्थलों का विस्तार करता है, जिनसे श्रीराम भक्ति को महत्त्व प्राप्त हो सके। कवि हनुमान के पौरुष के विषय में भी जो टिप्पणियाँ प्रदान करता है, वे भी हनुमान के नहीं श्रीराम के माहात्म्य की व्यंजक हैं—

प्रवसि नगर कीजै सब काजा। हृदय राखि कोसलपुर राजा।

× × × ×

ताकर दूत अनल जेहिं सिरजा। जरा न सोइ तेहिं कारन गिरिजा॥

× × × ×

साखामृग कर बड़ि मनुसाई। साखा तें साखा पर जाई।
नाघि सिंधु हाटक पुर जारा। निसिचर गन बधि बिपिन उजारा।
सो सब तव प्रताप रघुराई। नाथ न कछू मोर प्रभुताई॥

तुलसी श्रीरामचरित मानस में अयोध्याकांड को छोड़कर मानस के कांडों में कथानायक के रूप में श्रीराम को ही देखना चाहते थे अतः उन्होंने सुन्दरकांड की परम्परित कथा में हनुमान के नायकत्व को तोड़कर उसके स्थान पर श्रीराम को ही नायक गढ़ा है। तुलसी के परम आराध्य हनुमान भी नहीं चाहते थे कि उनके महत्त्व को श्रीराम के महत्तम यश विस्तार से भिन्न देखा जाए। उनकी सम्पूर्ण शक्ति, ज्ञान, बुद्धि, विवेक की परिणति श्रीराम की भक्ति की आधार शिला पर आश्रित है, अतः हनुमान के व्यक्तित्व के चरम उत्कर्ष एवं तुलसी की श्रीराम के प्रति अनन्य निष्ठा दोनों दृष्टियों के मूल में श्रीराम की आत्यन्तिक भक्ति ही सन्निहित है। इसीलिए सुन्दरकांड की कथावस्तु का विधान करते समय तुलसी ने परम्परित कवियों की भाँति न इसे श्रीराम को संदेश सूचना पर समाप्त किया और न इसमें हनुमान के नायकत्व को प्रतिष्ठित किया। इन दोनों के स्थान पर, तुलसी ने सुन्दरकांड की सम्पूर्ण कथावस्तु को श्रीराम के माहात्म्य से जोड़ा है, जो श्रीराम चरित मानस की रचना के उद्देश्य के सर्वथा अनुकूल है।

सुन्दरकांड की कथावस्तु के निर्माण में कवि प्राय: उन्हीं प्रसंगों का विस्तार देता है, जिससे श्रीराम के माहात्म्य का निरूपण का अवसर प्राप्त हो सके। इस दृष्टि से, कवि यहाँ सर्वाधिक महत्त्व विभीषण कथा को देता है। तुलसी को विभीषण प्रसंग में एक अवसर मिला—अनाथों पर अहैतुकी कृपा करने वाले श्रीराम की भक्ति के निरूपण का। कवि यहाँ सीतान्वेषण प्रकरण भूल जाता है और नितान्त विगलित भाव से कहता है—

तात कबहुँ मोहिं जानि अनाथा। करिहहिं कृपा भानुकुल नाथा।
तामस तन कछु साधन नाहीं। प्रीति न पद सरोज मन मांहीं।
जौ रघुबीर अनुग्रह कीन्हा। तौ तुम्ह मोहिं दरसु हरि दीन्हा।

हनुमान भी विभीषण को अपने अनाथ होने के दृष्टान्त से परितुष्ट करते हैं—

सुनहु विभीषन प्रभु कै रीती। करहिं सदा सेवक पर प्रीती।
कहहु कवन मै परम कुलीना। कपि चंचल सबहीं बिधि हीना।
प्रात लेइ जो नाम हमारा। तेहिं दिन ताहिं न मिलै अहारा।

अस मै अधम सखा सुनु मोहू पै रघुबीर।
कीन्हीं कृपा सुमिरि गुन भरे विलोचन नीर॥

यहाँ दो कथित अधमों का सम्मिलन श्रीराम के 'अनाथ नाथ' व्यक्तित्व का व्यंजक है। उन्हीं अनाथों में स्वयं तुलसी भी हैं और इस प्रकार सुन्दरकांड की कथावस्तु में कवि अनेक प्रसंगों के द्वारा श्रीराम के माहात्म्य को अंकित करता है। त्रिजटा का प्रसंग भी इसी प्रकार है। मंदोदरी की आत्यन्तिक चिन्ता भी श्रीराम भक्ति से जुड़ी है। यही नहीं, लंका के जल जाने के बाद सम्पूर्ण ,लंकावासियों में भी श्रीराम के प्रति भय तथा प्रीति दोनों का संचार हो उठता है। राक्षसों में विभीषण, माल्यवन्त तथा रावण के दूत शुक-सारण इसी क्रम में रावण का साथ छोड़ देते हैं। कवि कथा के अन्त में बन्धनहीन निरंकुश समुद्र के समर्पण के बाद श्रीराम के माहात्म्य को चरमोत्कर्ष पर पहुँचा देता है—

समय सिंधु गहि पद प्रभु केरे। छमहु नाथ सब अवगुन मेरे।
प्रभु आयेसु जेहिं कहँ जस अहई। सो तेहिं भाँति रहे सुख लहई।
प्रभु प्रताप मैं जाब सुखाई। उतरिहिं कटकु न मोरि बड़ाई।

और, ऐसी स्थिति में, श्रीराम सागर का विनाश करके उसे नष्ट नहीं करते, अपने द्वारा निर्मित व्यवस्था की मर्यादा नहीं तोड़ते, सागर से पार जाने का उपाय पूछ कर भक्तों को परितोष प्रदान करते हैं।

वाल्मीकि एवं अध्यात्म रामायणों में निर्मित कथावस्तु से तुलसी के सुन्दरकांड की कथावस्तु इसलिए भिन्न है कि यहाँ कवि सम्पूर्ण कथा विधान तथा पात्र नियोजनों के बीच श्रीराम के महत्त्व के कीर्तिस्तम्भ को लेश मात्र भी स्खलित नहीं

होने देता, स्वयं हनुमान के कृत्य की महनीयता तुलसी श्रीराम की महनीयता में सन्निविष्ट करा देते हैं, किन्तु अध्यात्म एवं वाल्मीकि रामायण में समग्रतया हनुमान का व्यक्तित्व सर्वोपरि बना रहता है।

हनुमान के विषय में दसवीं शती में शैव मत के अन्तर्गत यह धारणा जोड़ी गई कि वे एकादश रुद्र के अवतार हैं। हनुमन्नाटक में इस आशय के कई सन्दर्भ हैं।

तुलसी विनय पत्रिका तथा कवितावली में इस सन्दर्भ का उल्लेख करते हैं किन्तु यहाँ वह सांकेतिक विलक्षणता द्वारा इसे व्यंजित करते हैं—जाम्बवान् हनुमान को प्रेरित करते हुए कहते हैं—

राम काज लगि तव अवतारा। सुनतहिं भयउ पर्वताकारा।

पर्वताकार होने में एकादश रुद्र की विशालता व्यंजित है। सीता का समाचार देने पर श्रीराम हनुमान को गले लगा लेते हैं किन्तु हनुमान उनके चरणों पर गिर पड़ते हैं। श्रीराम अत्यन्त आत्मीयता पूर्वक उनके सिर को सहलाते हैं—

प्रभु के पंकज कपि के सीसा। सुमिरि सो दसा मगन गौरीसा।
सावधान करि मन पुनि संकर। लागे कहन कथा अति सुंदर।

श्रीराम के पद पंकज का स्पर्श स्वयं शिव (एकादश रुद्र रूप हनुमान) ने किया था और पार्वती को कथा सुनाते समय उस स्पर्श का, उस रोमांच का, उस आनन्द का उन्हें स्मरण हो आया और स्मृतिजन्य रोमांच से पुनः कथा का वर्णन क्रम स्खलित हो उठा और कथा कहने वाली मनोभूमिका पर आने के लिए उन्हें मन को सचेत करना पड़ा।

कवि कथा की इस प्रौढ़ि के साथ अतीत तथा वर्तमान को एक साथ जोड़ता है और बिना कथाविधान के तंत्र को ढीला किये हनुमान के रुद्रावतार प्रकरण को वह यहाँ व्यंजित करा देता है। इसी प्रकार, कवि लंकिनी एवं शुक सारण प्रसंगों में वरदान तथा शाप के माध्यम से श्रीराम के माहात्म्य को इंगित करता है।

निष्कर्ष रूप से, कहा जा सकता है कि मानस के सुन्दरकांड की कथावस्तु की रचना कवि ने वाल्मीकि तथा अध्यात्म रामायणों से प्रभावित होकर नहीं की है। इस कथा में कवि ने हनुमान के दूत कर्म को गौंण बनाते हुए श्रीराम के माहात्म्य को ही प्रकारान्तर भाव से अंकित करने का प्रयास किया है जबकि परम्परागत सुन्दरकांड की कथाएँ हनुमान को नायक बनाकर उनके दूतकर्म की विशिष्टता को इंगित करती हैं।

●

सुन्दरकांड की रचना दृष्टि

वाल्मीकि रामायण का सुन्दरकांड मूलतः अद्‌भुत भाव से सम्पृक्त हनुमान के शौर्य से सम्बद्ध है। यहाँ कवि क्षण-क्षण का रोमांचपूर्ण वर्णन करता हुआ हनुमान के दीप्त रूप को चित्रित करना चाहता है। हनुमान के इस शौर्यपूर्ण कार्य को देखकर नाग, यक्ष, गन्धर्व , चारण, किन्नर, देवता एवं राक्षस सभी आश्चर्य से आवेष्टित होकर कहते हैं—

"हनूमान राम कार्याथों भीमकर्मा समाप्लुतः"

(भीम कर्म करने के निमित्त हनुमान ने आकाश में छलांग लगाई है)

मानस के हनुमान वाल्मीकि की भाँति अद्‌भुत का वातावरण निर्मित करते हैं किन्तु उसमें संत्रासक तत्त्वों की रोमांचकारी भयावहता नहीं उत्पन्न हो सकी है। मानस में कवि ने हनुमान के प्रस्थान में भावात्मक अतिरेक न भरकर सूचना विस्तार मात्र रखा है। हनुमान के कूदकर आकाश मार्ग जाने के सन्दर्भ में मात्र दो ही वाक्य हैं—

जेहिं गिरि चरन देइ हनुमंता। चलेउ सो गा पाताल तुरंता।
जिमि अमोघ रघुपति कर बाना। एही भाँति चलेउ हनुमाना।

हनुमान के आकाशगमन एवं लंका की ओर आकाश पथ में प्रस्थान की मुद्रा का कोई दृश्य यहाँ नहीं बन पाता केवल वाल्मीकि रामायण की पंक्तियां मात्र उन्हें याद हो उठती है—

यथाराघवनिर्मुक्तः शरः श्वसन विक्रमः।
गच्छेत् तद्वद् गमिष्यामि लंका रावणपालिताम्॥

(जैसे श्रीरामचन्द्र का छोड़ा हुआ वाण वायुवेग से चलता है, उसी प्रकार मैं रावण द्वारा पालित लंका में जाऊँगा।)

हनुमान के भीमकर्म को व्यक्त करने की यहाँ पर्याप्त जगह थी, किन्तु यह आश्चर्य का विषय है कि कवि उनके चरित्र एवं स्वरूप की भयंकरता तथा भयावहता का चित्रांकन मानस में नहीं कर सका है। मानस से कहीं अधिक रोमांचक हनुमान की आकाश यात्रा का चित्रण तो हनुमन्नाटक में है—

लाङ्गलोत्ताल केतर्नुभसि पृथुगतिः स्फार सीमन्तिताम्रः
स्फूर्जत्प्रौढ़ोरुवेगोल्ललितजलनिधिः पृष्ठकृष्टोग्रसत्त्वः

दूरात्सिंदूरपूरारुणमरुणरुचिः तेजसः संविभागैः
श्चक्रे दिग्वारणानां कटितटमभितः सूर्यविद्धाम्बुदाभम् ॥

आश्चर्य का विषय है कि कवि ने कवितावली में भी हनुमान की इस रोमांचक आकाश यात्रा का एक भी चित्र विम्ब प्रस्तुत नहीं किया है। सम्पूर्ण मानस में त्रासद, भयावह, रोमांचक एवं विद्रूप चित्रण कम मिलते हैं। कवि का प्राय: वह स्वभाव है कि वह लालित्य की भव्यता को चित्रित करने के प्रति सतत सचेष्ट रहता है किन्तु त्रासद, भयावह एवं रोमांचक की भव्यता के चित्र उसके द्वारा या निर्मित ही नहीं किए जाते या फिर मात्र वर्णन परम्परा के अनुपालन क्रम की पूर्ति के निमित्त रूप में।

कवि रचनात्मक कर्तृत्व की पूर्व परम्परा का यहाँ संवहन भी नहीं कर सका है। मूलतः सुन्दरकांड हनुमान के दूत कर्म के दायित्व से सम्बद्ध है और इसीलिए परम्परा की समस्त कृतियों में श्रीराम को सीता का संवाद दे देने के बाद इस कांड की कथा समाप्त हो उठती है—लेकिन तुलसी का सुन्दरकांड सेतु रचना तक फैला हुआ है। ऐसा प्रतीत होता है कि तुलसी सीता प्राप्ति की तत्परता को इस कांड में केन्द्रीय संवेदना के रूप में रखते हैं, यहाँ दूतकर्म की सिद्धि केन्द्रीय संवेदना नहीं है। वाल्मीकि, अध्यात्म रामायणों एवं महानाटक में हनुमान के व्यक्तित्व की समग्रता को व्यंजित करके सीतान्वेषण की सिद्धि को इस कांड की केन्द्रीय संवेदना बनाई गई है किन्तु तुलसी के सुन्दरकांड की केन्द्रीय संवेदना हनुमान के पुरुषार्थ से सम्बद्ध होकर श्रीराम के अतुलनीय माहात्म्य से जुड़ती है। अतः इस केन्द्रीय संवेदना के बदलाव के कारण अन्य कांडों में हनुमान से सम्बद्ध रौद्र्य, भयानकता, वीरोत्साह मूल भावों की प्रमुखता आदि से अन्त तक है किन्तु सुन्दरकांड का रौद्र्य, भयानक एवं वीरभाव तत्त्व श्रीराम के माहात्म्य में विलीन होकर भक्ति व्यंजक हो उठा है। तुलसी समग्र श्रीरामचरित मानस को श्रीराम के माहात्म्य की प्रतिकृति मानते है। कथा, पात्र, उनकी संवेदनाएँ मानस में सर्वत्र श्रीराम के प्रति समर्पित हैं, अतः उनका सुन्दरकांड भी श्रीराम के माहात्म्य में समर्पित होकर हनुमान की अतुलनीय भक्ति का साक्ष्य हो उठता है।

सुन्दरकांड मूलतः कथात्मकता से अधिक भावात्मकता से ओतप्रोत है। श्रीराम यदि कवि के आराध्य हैं तो हनुमान कवि के अनन्य सहायक तथा रक्षक। वह अपने इस अनन्य सहायक तथा रक्षक श्री हनुमान के अनेकानेक रूपों तथा अनेकानेक गुणों का समन्वयन एवं उनकी अभिव्यंजना करता है। वह यहाँ हनुमान के चार रूपों को सामने ले आता है—

(१) वायु पुत्र हनुमान
(२) ब्रह्मा से वरदान प्राप्त हनुमान
(३) शिवरूप हनुमान
(४) श्रीराम के अनन्य भक्त एवं आज्ञाकारी हनुमान

वायु पुत्र हनुमान की आवश्यकता कवि को समुद्रलंघन एवं लंकादहन के समय पड़ती है। हनुमान संस्कारतः प्राप्त अपने पिता वायु के धर्म से अनुप्राणित शत योजन सागर का संस्तरण करते हैं और आकाश मार्ग में बिना विश्राम किए अद्‌भुत कार्यों को सम्पादित करते हैं। जाम्बवान् हनुमान को स्मरण दिलाते हैं—

पवन तनय बल पवन समाना। बुधि बिबेक विग्यान निधाना।
कवन सो काज कठिन जगमांही। जो नहिं होहि तात तुम्ह पाही॥

हनुमान अपने संस्कारी व्यक्तित्व से ही सम्पूर्ण कार्य सम्पादित करते हैं इसी प्रकार, कवि ने हनुमान की उस कथा को इंगति करना चाहा है, जब ब्रह्मा ने उन्हें वरदान दिया था कि तुम हमारे ब्रह्मास्त्र के प्रभाव से मुक्त रहोगे। मेघनाद जब हनुमान को मारने के लिए ब्रह्मास्त्र साधता है, तब उनके मन में एक बड़ा भारी विकल्प उठ खड़ा होता है—

ब्रह्म अस्त्र तेहिं साधा कपि मन कीन्ह बिचार।
जौ न ब्रह्मसर मानउँ महिमा मिटइ अपार।

और इस प्रकार कवि हनुमान के व्यक्तित्व में सन्निहित परादैवी तत्त्वों को इंगित करके उन्हें महनीय बनाने की सर्वत्र चेष्टा करता है।

इसी प्रकार, हनुमान के रुद्रावतार का भी स्मरण कवि अपनी समग्र भावात्मक सक्रियता के साथ करता है। जाम्बन्त इंगित करते हैं कि हनुमान का जन्म नहीं अवतरण हुआ है। वे शिव के पुत्र भी हैं और अवतार रूप भी। सुन्दरकांड में सीता के समाचार को प्राप्त कर भावुकता के अतिरेक में विह्वल उपकारी हनुमान के शीश को जब राम सहलाते हैं तो मानस के कथा वक्ता शिव क्षण भर में पूर्व स्पर्श की स्मृति में मग्न हो उठते हैं—कवि का यह वर्णन भावातिरेक का चरमशीर्ष है—

प्रभु कर पंकज कपि के सीसा। सुमिरि सो दसा मगन गौरीसा।
सावधान करि मन पुनि संकर। लागे कहन कथा अति सुंदर॥

यह प्रसंग अध्यात्म रामायण में भी अत्यन्त भावुकतापूर्ण नियोजित है—श्रीराम हनुमान को छाती से लगाकर कहते हैं—

उपकारं न पश्यामि तव प्रत्युपकारिणः।
इदानी ते प्रयच्छामि सर्वस्वं मम मारुते।
इत्यालिङ्ग्य समाकृष्य गाढं वानर पुंगवम्।

× × × ×

श्रीरम्भो हि मे लोके दुर्लभं परमात्मनः।
अतस्त्वं मम भवतोऽसि प्रियोऽसि हरिपुंगवः॥

वाल्मीकि रामायण में भी श्रीराम हनुमान से कहते हैं कि मेरे पास आत्मीयता प्रगट करने के लिए इस समय गाढ़ालिंगन मात्र है और ऐसा कहकर उन्होंने

हनुमान को गूढ़ आलिंगन में आबद्ध कर लिया—

इत्युक्त्वा प्रीतिहृष्टांगो रामस्तं परिषस्वजे।
हनूमन्तं कृतात्मानं कृतकार्यमुपागतम्॥

तुलसी के मानस का यह प्रसंग अध्यात्म एवं वाल्मीकि से इसलिए उत्कृष्ट है कि स्पर्श एवं आलिंगन का प्रभाव यहाँ जन्मजन्मान्तरों तक अंकित है। वाल्मीकि एवं अध्यात्म रामायण में तो इसे केवल हनुमान समझते हैं किन्तु मानस में वह मूल अवतारी शिव की एकतानता को स्मृति भाव का अंग बन जाता है।

तुलसी के हनुमान का भक्त रूप नितान्त द्रावक तथा मार्मिक है। श्रीराम की अनपायिनी भक्ति रस के भ्रमर हनुमान श्रीराम कथा के अद्‌भुत पात्र हैं। सब कुछ श्रीराम का है, सब कुछ श्रीराम के प्रति समर्पित है, सम्पूर्ण राग-द्वेष, प्रीति तथा अन्यान्य भावनाएँ श्रीराममयी है। श्रीराम ही चरम सार्थकता हैं और श्रीराम भक्ति ही एकमात्र काम्य है। तुलसी के हनुमान का स्वरूप भरत एवं स्वयं रचनाकार तुलसी के समतुल्य कवि द्वारा एक ही भावभूमि पर सृजित हैं। तुलसी तथा हनुमान-इस दोनों के लिए श्रीराम ही अनन्य शरणागति हैं—इन दोनों पात्रों की अन्तिम गति श्रीराम की ही है, केवल श्रीराम की। हनुमान से श्रीराम की जब पहली बार भेंट होती है—तब हनुमान श्रीराम का वह प्रथम मिलन भक्त एवं आराध्य के मिलन की पुनीत घटना बन जाती है—

प्रभु पहिचानि परेउ गहि चरना। सो सुख उमा जाहि नहिं बरना।
पुलकित तन मुख आव न बचना। देखत रुचिर वेष कै रचना।

× × × ×

अस कहि परेउ चरन अकुलाई। निज तनु प्रगटि प्रीति उर छाई।
तब रघुपति उठाइ उर लावा। निज लोचन जल सींचि जुड़ावा।
सुनु कपि जनि मानसि जिय ऊना। तैं मम प्रिय लछिमन ते दूना।

निश्चित ही, हनुमान के अवतरण के बाद परवर्ती सम्पूर्ण कथा में कथा के सहनायक हनुमान हो उठते हैं—लक्ष्मण तो केवल भाई ही बने रहते है। कवि तुलसी ने श्रीराम की परवर्ती कथा के साथ हनुमान की सक्रियता जोड़ी है, वहाँ हनुमान असम्भव एवं अकरणीय कार्यों का सम्पादन करके श्रीराम के अतुलनीय माहात्म्य के अंगी बन जाते हैं।

तुलसी सुन्दरकांड में हनुमान की सक्षमता एवं उनके कार्य कौशल का वर्णन श्रीराम माहात्म्य के अन्तवर्ती तत्त्व के रूप में करते हैं। वाल्मीकि एवं अध्यात्म रामायणों में जहाँ हनुमान के द्वारा सम्पादित कार्य उनके निजी व्यक्तित्व की उदात्तता के व्यंजक हैं, वहीं तुलसी हनुमान के अद्‌भुत कर्म कौशल के लिए हनुमान को श्रेय न देकर श्रीराम के श्रेय से जोड़ते हैं। समुद्र लंघन, सुरसा प्रसंग, लंकिनी वध, लंका दहन, राक्षसवध आदि घटनाएँ जो हनुमान के अतुलनीय पौरुष

एवं उदात्त शक्ति दर्प से जुड़ी हैं—तुलसी उन्हें श्रीराम माहात्म्य से जोड़ देते हैं। हनुमान ब्रह्मवाण से मूर्च्छित हैं, किन्तु कवि उसे मूर्च्छा न मानकर टिप्पणी देता है—

जासु नाम जपि सुनहु भवानी। भव बंधन काटहिं नर ग्यानी॥
तासु दूत कि बंध तरु आवा। प्रभु कारज लगि कपिहिं बनावा॥

हनुमान लंका को अपनी पूँछ में लगी आग से भस्मसात् कर देते हैं। किन्तु उनकी शरीर को कौन कहे, पूँछ तक नहीं जलती। कवि की टिप्पणी यहाँ द्रष्टव्य है—

जारा नगर निमिष एक मांही। एक विभीषन कर गृह नाही।
ताकर दूत अनल जेहिं सिरजा। जरा न सो तेहिं कारन गिरिजा।

जब श्रीराम हनुमान के कार्यों की प्रशंसा करते हैं, तब वहाँ हनुमान के वाक्य द्रष्टव्य हैं—

प्रभु प्रसन्न जाना हनुमाना। बोला बचन बिगत अभिमाना।
साखामृग कै बड़ि मनुसाई। साखा तें साखा पर जाई।
नाघि सिंधु हाटक पुर जारा। निसिचर गन बधि बिपिन उजारा।
सो सब तव प्रताप रघुराई। नाथ न कछू मोर प्रभुताई।

हनुमान का यह कथन केवल विनयोक्ति मात्र नहीं है, वरन् तुलसी की आन्तरिक कामना की अभिव्यक्ति है जो सर्वत्र श्रीराम की कृपा के फल को ही कार्य सम्पादन का हेतु स्वीकार करते हैं।

कुल मिलाकर, तुलसी सुन्दरकांड की परम्परित कथा एवं रचनादृष्टि में परिवर्तन करते हैं। सम्पूर्ण कथा का विन्यास यहाँ इस व्यवस्था से किया गया है कि उसके ऊपर श्रीराम का माहात्म्य सम्पूर्ण कथा को आवरित किये रहे।

हनुमान के शौर्य का सम्पूर्ण प्रकरण, इस प्रकार सुन्दरकांड में श्रीराम के माहात्म्य के आवरण से ढका हुआ भावसन्धि का उत्कृष्ट उदाहरण है।

सुन्दरकांड : तुलसी का भाव कौशल

तुलसी सम्पूर्ण सुन्दरकांड की रचना हनुमान के शौर्य तथा पराक्रम एवं श्रीराम के माहात्म्य की भाव सन्धि के बीच करते हैं। भक्ति रस के अन्तर्गत ऐसे प्रकरणों को अङ्गागि रस या भाव के रूप में देखा गया है। लोकशौर्य अन्ततया यहाँ भक्ति भावना का अंग बनकर स्वयं गौण बन जाता है और यह गौण लोकभाव आध्यात्मिक दिव्यता की अभिपुष्टि के माध्यम के रूप में रचना के मन्तव्य को निरन्तर इंगित करता रहता है। तुलसी के लिए सुन्दरकांड की दिव्यता इसमें नहीं है कि वह हनुमान के शौर्य, पराक्रम, बल, ज्ञान, बुद्धिमत्ता को केन्द्रीय बिन्दु बनाकर इस कथा की रचना को सम्पूर्णता प्रदान करें, उनकी विलक्षणता इस बात में है कि श्रीराम की भक्ति के बीच हनुमान के शौर्य एवं पराक्रम के तेज को गला कर उसे अधिक आलोकवान् रच दें। सीता के कहने पर जब हनुमान उन्हें अपना 'कनक भूधराकार' शरीर दिखाते हैं तो उनकी स्वयं की टिप्पणी यहाँ द्रष्टव्य है—

सुनु माता साखामृग नहिं बल बुद्धि बिसाल।
प्रभु प्रताप ते गरुड़हि खाइ परम लघु ब्याल।

सुन्दरकांड के इस भावद्वन्द्व के मूल में दोनों भाव हनुमान का शौर्य एवं श्रीराम की कृपा सम्पूर्ण कांड भर में व्याप्त है। कवि जहाँ हनुमान के शौर्य तथा पराक्रम का वर्णन करता है, वहाँ उनकी शक्ति मत्ता को ही इंगित नहीं करता। इस शौर्य के साथ उनकी बुद्धिमत्ता भी जुड़ी हुई दिखाई पड़ती है। प्रायः बुद्धि एवं बल का एक साथ संयोग मुश्किल से देखा जाता है, हनुमान इसके अपवाद हैं। वाल्मीकि रामायण में हनुमान के दूत एवं गुप्तचर होने के दोनों पक्षों को एक साथ चित्रित किया गया है। गुप्तचर की दूरदर्शी प्रतिभा एवं राक्षसों के वध की सम्पूर्ण सामर्थ्य हनुमान की अपनी विशिष्टता है। तुलसी यहाँ दोनों पक्षों को उसकी परिपूर्णता में व्यक्त नहीं कर पाते यहाँ उनकी उनका कथात्मक रचना दृष्टि कमजोर है। वाल्मीकि की सशक्त कथादृष्टि के साथ हनुमान के दोनों पक्ष बड़े ही मनोरम ढंग से व्यक्त होते हैं किन्तु मानस के सुन्दरकांड की रचना तुलसी ने परम्परित अवधारणाओं एवं विश्वासों के बीच किया है, अतः हनुमान के शौर्य एवं पराक्रम, साथ-ही-साथ गुप्तचर की कुशलता दोनों में निखार नहीं आ सका है। इन दोनों के स्थान पर तुलसी में हनुमान के कार्यों के प्रति भावातिरेक एवं समर्पित श्रीराम

भक्ति की आत्यन्तिक निष्ठा ही दिखाई पड़ती है, इसलिए तुलसी की रचनात्मक भावभूमि यहाँ परम्परा से भिन्न है।

सुन्दरकांड में हनुमान के रचनापक्ष के दो रूप हैं—प्रथम स्तर पर वह श्रीराम के दूत एवं संदेशवाहक हैं। द्वितीय स्तर पर वह गुप्तचर हैं। इन दोनों रूपों की सिद्धि के लिए अतुलनीय शक्ति, बुद्धि कौशल, पराक्रम, नाना प्रकार के वेश-विन्यास की क्षमताओं से युक्त तथा अपने पक्ष को रखने एवं संदेश देने की वाग्मिता से परिपूर्ण होना आवश्यक है। सुन्दरकांड की प्रस्तावना में तुलसी हनुमान में निहित इन सम्पूर्ण सार्थकताओं का स्मरण करते हैं—

अतुलित बलधामं हेमशैलाभदेहं
दनुजवनकृशानुं ज्ञानिनामग्रगण्यम्।
सकलगुण निधानं वानराणामधीशं
रघुपतिप्रियभक्तं वातजातं नमामि।

सुन्दरकांड की रचनात्मक सामर्थ्य के अन्तर्गत तुलसी के हनुमान अपनी सम्पूर्ण भावात्मक निष्पत्तियों को सम्पूर्णता के साथ व्यक्त करने में समर्थ हैं।

कपि त्वरापूर्वक आकाश मार्ग में गमन करता है। देवताओं ने मैनाक पर्वत को विश्राम देने के लिए आकाश में हनुमान के पास भेजा। हनुमान अपने इस सहायक की उपेक्षा न करके उसका हाथ से स्पर्श करके सम्मान करते हैं—

हनुमान तेहि परसा कर पुनि कीन्हि प्रनाम।
राम काजु कीन्हें बिना मोहिं कहाँ बिश्राम।

यहाँ हनुमान का 'कर स्पर्श' ही विश्राम का प्रतीक बन जाता है। दूत के लिए विलम्ब त्याज्य है। विघ्नों का मर्दन भी कार्य की त्वरा के लिए आवश्यक है। सिंहिका वध इसी का एक दृष्टान्त है। एक गुप्तचर की भाँति मसक का रूप धारण करके हनुमान लंका में प्रवेश करते हैं किन्तु रावण की दुर्ग रक्षा के अन्तर्गत मसक का प्रवेश भी सम्भव नहीं था। लंकिनी का प्रसंग भावी कार्य की सिद्धि का एक आधार है। लंकिनी के आशीर्वचन में श्रीराम भक्ति का उद्रेक द्रष्टव्य है—

प्रबसि नगर कीजै सब काजा। हृदय राखि कोसलपुर राजा।

हनुमान अपनी गुप्तचर्या में ही विभीषण का घर देखते हैं। वातावरण से ही अनुमान लगा लेते हैं कि यह श्रीराम भक्त का आवास है—

रामायुध अंकित गृह सोभा बरनि न जाइ।
नव तुलसिका बृंद तहँ देखि हरष कपिराइ।

हनुमान को भावी कार्यसिद्धि का एक सूत्र मिला और इस प्रकार हनुमान एक कुशल गुप्तचर के रूप में सीता का अन्वेषण कर लेते हैं। सीतान्वेषण के पश्चात् हनुमान का गुप्तचर रूप समाप्त हो उठता है और आगे आता है, उनका दूत रूप।

गुप्तचर हनुमान् अपने को दूत के रूप में प्रगट करने के पूर्व सीता के आगे श्रीराम की मुद्रिका गिराते हैं, विश्वसनीयता के लिए उनको श्रीराम की कथा सुनाते हैं और उनको अत्यधिक व्याकुल देखकर प्रगट होकर कहते हैं—

रामदूत मै मातु जानकी। सत्य सपथ करुनानिधान की।
यह मुद्रिका मातु मै आनी। दीन्हि राम तुम्ह कहिं सहिदानी॥

हनुमान दूत के रूप में अपनी प्रतीति कराने के लिए दो उपायों का प्रयोग करते हैं—एक है, 'करुणानिधान' शब्द का प्रयोग और दूसरा मुद्रिका को लेकर आने की चर्चा। सीता श्रीराम का नाम न लेकर उन्हें 'करुणानिधान' कह कर ही सदैव पुकारती थीं—हनुमान ने उन 'करुणानिधान' की शपथ ली और रामनाम अंकित मुद्रिका ले आने की घटना बताई। हनुमान के ये दोनों कर्म दूत की कुशलता के प्रमाण हैं। वाल्मीकि तथा अन्य रामकथाओं में हनुमान का उक्त प्रसंग दूत कर्म का ही प्रसंग है। साहित्य शास्त्र तथा अन्य प्रकरणों में दूत के अनेक लक्षणों का उल्लेख है। अग्निपुराण में दूत के निम्नलिखित लक्षण बताये गये हैं—

प्रगल्भः स्मृतिवान् वाग्मी शास्त्रेशास्त्रे च निष्ठतः।
अभ्यस्तकर्मा नृपर्तेदूतो भवितुमर्हति॥

निःसंकोच वक्ता, स्मृतिवान, वाक् कुशल (सभा चतुर), शस्त्र एवं शास्त्र में पूर्ण पैठवाला व्यक्ति ही कुशल दूत कहा जा सकता है।

दूत की अनेकशः आवश्यकता पड़ती है। व्यक्तिगत संदेश से लेकर राजनयिक दायित्व तक इस दूत कर्म की सीमा में आते हैं। साहित्यशास्त्रीय ग्रंथों में दूत का उपयोग वैयक्तिक सन्दर्भों के लिए होता है। आचार्य विश्वनाथ साहित्य दर्पण में बताते हैं कि—

उभयोभावमुन्नीय स्वयं वदति चोत्तरम्।
सुश्लिष्टं कुरुते कार्यं निसृष्टार्थस्तु स स्मृतः।

(जिसने भेजा है और जिसके पास भेजा है, उन दोनों के अभिप्रायों का मन में आकलन करके जो अपने आप उत्तर दे दे और भलीभाँति कार्य सम्पादित कर लाये वह निसृष्टार्थ दूत है।) इसके साथ दूत के दो अन्य भेद हैं, मितार्थ दूत (कम बोलने वाला) और संदेश हारक (जितना संदेश बताया गया है, बस उतना ही बोलने वाला)। हनुमान की गणना प्रथम संवर्ग के दूत में है। श्रीराम हनुमान से मात्र इतना ही कहते हैं कि—"बहु प्रकार सीतहिं समुझावहु। कहि बल बिरह बेगि तुमु आएहु।" सीता को इतना ही समझाने की बात कहते हैं कि मेरी शक्ति का स्मरण कराकर उन्हें ढाढ़स दे देना तथा मेरी आत्मीयता भरी प्रीतिरस के वियोग मर्म को भी बता देना। तुलसी के दूत हनुमान बाग्मी तथा कवि हैं। हनुमान का व्यक्तित्व कवि व्यक्तित्व है। विनयपत्रिका में हनुमान की स्तुति करते हुए स्वयं तुलसीदास ने ही लिखा है—

महानाटकनिपुणकर्त्ता

हनुमन्नाटक जैसे काव्य के कुशल रचनाकार हे हनुमान। आपकी जय हो। वाल्मीकि के हनुमान जब सुन्दरवाणी में सीता को श्रीराम कथा सुनाते हैं तो उसे सुनकर सीता सन्तुष्ट हो उठती हैं।

तुलसी विरह संदेश काव्य परम्परा का आत्मसात् करते हुए हनुमान को विह्वल भाव से श्रीराम के संदेश को सुनाते हैं—

रघुपति कर संदेसु अब सुनु जननी धरि धीर।
अस कहि कपि गदगद भयेउ भरे विलोचन नीर।
कहेउ राम वियोग तब सीता। मो कहुँ सकल भये बिपरीता।
नव तरु किसलय मनहुँ कृसानू। काल निसा सम निसि ससि भानू।
कहेहू तें कछु दुख घटि होई। काहि कहौं यह जान न कोई।
तत्व प्रेम कर मम अरु तोरा। जानतु प्रिया एक मनु मोरा।
सो मन सदा रहति तोहिं पाहीं। जानु प्रीति रसु एतनेहिं मांही।

श्रीराम के राशि भूत प्रेम के उद्रेक का बियोग भरा यह कम्पन कभी कवि के हृदय में भी उद्रिक्त हुआ होगा। श्रीराम की इस विरह पीड़ा में जैसे तुलसी की अपनी निजी विरह पीड़ा छलक उठी हो। श्रीराम के साथ रहते हनुमान ने श्रीराम की पीड़ा को जैसा समझा, वैसा रख दिया।

हनुमान सीता के बिरह मग्न हृदय के भी साक्षी है और बिना सीता के बताये कुशल दूत हनुमान सीता की पीड़ा को राम के समक्ष रखते हैं—

नाथ जुगल लोचन भरे बारी। बचन कहे कछु जनक कुमारी॥
मन क्रम बचन नाथ अनुरागी। केहिं अपराध नाथ हौं त्यागी॥
अवगुन एक मोर मैं माना। विछुरत प्रान न कीन्ह पयाना॥
नाथ सो नयनन कर अपराधा। निसरत प्रान करहिं हठि बाधा॥
बिरह अगिनि तनु तूल समीरा। स्वास जरइ छन माँह सरीरा॥
नयन स्त्रवहिं जल निज हित लागी। जाइ न पाव देह बिरहागी॥

हनुमान द्वारा वर्णित विरह के ये दोनों सन्दर्भ दो शैलियों पर लिखे गये हैं। प्रथम का सम्बन्ध लोकानुभव से जुड़े शास्त्रीयता से भिन्न विरही जीवन की निश्च्छल अभिव्यक्ति है—

सो मन सदा रहति तव पाहीं। जानु प्रीतिरस एतनेहि मांही।

और दूसरी ओर, विरह वर्णन की शास्त्रीय प्रणाली जो नायिकारब्ध है। संस्कृत कवियों की लक्षणा तथा व्यंजना भरी विरह वर्णन की परिपाटी—

हे नाथ! ये नेत्र अपने स्वार्थवश मेरे प्राण नहीं निकलने दे रहे हैं—अन्यथा यह देह विरह मरण को प्राप्त कर लेती—

''विरह की अग्नि है, मेरा शरीर गलकर रुई जैसा हो उठा है, श्वास वायु के झोंके की तरह निकलते हैं और इस प्रकार तूलवत् यह शरीर जलना ही चाहता है कि नेत्र अपने लोभवश (आपके दर्शन के लोभ के कारण) इतनी वेगवती जलधारा (अश्रु) प्रवाहित कर देते हैं कि यह देह जलते-जलते बुझ जाती है।''

विरह वर्णन में परम्परा की शास्त्रीयता यहाँ द्रष्टव्य है। विप्रलम्भ शृंगार की गुणकथन तथा मरण दशा को छोड़कर आठ दशाओं अभिलाषा, चिन्ता, स्मृति, उद्वेग, प्रलाप, उन्माद, व्याधि, जड़ता) दशाओं का एक साथ व्यंजना व्यापार के द्वारा अनुभव करा देना कवि की, प्रकारान्तर भाव से संदेशवाहक हनुमान की विशेषता है?।

वाल्मीकि ने भी हनुमान के कवि व्यक्तित्व के इन्हीं प्रकारणों में उभारने की चेष्टा की है और तुलसी भी यहाँ वाल्मीकि के अनुकूल ही हनुमान के संवेदनशील कवि व्यक्तित्व को उभारते हैं।

जैसा कि कहा गया, वाल्मीकि हनुमान के व्यक्तित्व के द्वारा अपनी रामायण में उनके गुप्तचर पक्ष द्वारा भय, संत्रास, आतंक, विस्मय आदि उत्पन्न करना चाहते हैं तो दूत प्रसंग द्वारा उनकी वाग्मिता को व्यंजित करते हैं। उनकी वाग्मिता का एकपक्ष उनका काव्यत्व है—जिसका सम्बन्ध सीता एवं श्रीराम को उनके परस्पर संदेश प्रेषण से सम्बद्ध है। तुलसी तथा वाल्मीकि दोनों की इस विन्दु पर एक जैसी दृष्टि है और दोनों रचनात्मक फलक पर भावात्मक विस्तार तथा अर्थ वक्रता का सृजन करते हैं।

दूत कर्म का दूसरा प्रकरण 'हनुमान रावण संवाद' है। वाल्मीकि एवं तुलसी के दूत प्रकरण भिन्न-भिन्न भावों के प्रतिनिधि है। वाल्मीकि रामायण में रावण के ऊपर नारी अपहरण का नैतिक दबाव तथा श्रीराम के शक्ति सम्पन्न व्यक्तित्व के द्वारा भय उत्पन्न करने का प्रयास किया गया है, दूसरी ओर तुलसी के संवाद में श्रीराम के परादैवी व्यक्तित्व का प्रकाश पुंज हनुमान के वाक्यों से बराबर व्यंजित होता है—

सुनु रावन ब्रह्मांड निकाया। पाइ जाइ बल बिरचति माया।
जाके बल बिरंचि हरि सीसा। पालत सृजत हरत दससीसा।
जा बल सीस धरत सहसानन। अंडकोस समेत गिरिकानन।

जाके बल लवलेस तें जितेहु चराचर झारि।
तासु दूत मै जाकरि हरि आनेहु प्रिय नारि॥

रावण को हनुमान श्रीराम का परादैवी आध्यात्मिक व्यक्तित्व समझा कर उसे समर्पण के लिए कहते हैं और बार-बार श्रीराम की शक्ति और सामर्थ्य का हवाला देकर समझाते हैं, किन्तु रावण पर उसका कोई प्रभाव नहीं है।

मूलतः दूतकर्म के इस प्रसंग द्वारा तुलसी श्रीराम के अधिदैवत् व्यक्तित्व को इंगित करते हुए पाठक के मन में विस्मय भरी श्रद्धा स्थापित करते है और उसे सोचने के लिए विवश करते हैं कि रावण मतिभ्रम से ग्रस्त है। श्रीराम का यह अधिदैवत् व्यक्तित्व परम्पारित मान्यताओं पर आधारित प्रसंग विशेष को भावात्मकता की दृष्टि से गतिशील बनाने के लिए किया गया है।

भावयोजना की दृष्टि से मानस के सुन्दरकांड के दो प्रसंग विशेष विचारणीय हैं—लंकादहन तथा विभीषण की शरणागति।

लंकादहन मूलतः भय तथा आतंक का परम्परा प्रसिद्ध उदाहरण है। मानस में यह प्रसंग अति संक्षिप्त है—

हरि प्रेरित तेहिं अवसर चले पवन उनचास।
अट्टहास करि गर्जा कपि बढ़ि लागि अकास।

देह बिसाल परम हरुआई। मंदिर ते मंदिर चढ़ि धाई।
जरइ नगर भा लोक बिहाला। झपट लपट बहु कोहि कराला।
तात मातु हा सुनिय पुकारा। एहिं अवसर को हमहिं उबारा।
साधु अवग्या कर फलु ऐसा। जरइ नगर अनाथ कर जैसा।
जारा नगर निमिष एक मोही। एक विभीषन कर घर नांही।
ताकर दूत अनल जेहिं सिरजा। जरा न सो तेहिं कारन गिरजा।

जैसा कि प्रारम्भ में कहा जा चुका है, श्रीरामचरित मानस में कवि को हनुमान का नायकत्व स्वीकार नहीं है, यद्यपि घटना की दृष्टि से हनुमान सुन्दरकांड की कथावस्तु के एक मात्र नायक है। कवि आतंक, भय, संत्रास का यहाँ संसूचनात्मक वर्णन करता है। यद्यपि उसके पास हनुमान के लंकादहन से सम्बन्धित प्रसंगों के वर्णन द्वारा भाव विस्तार की पर्याप्त सम्भावनाएँ निहित हैं, किन्तु कवि हनुमान को नायकत्व नहीं प्रदान करता—वह श्रीराम के ही नायकत्व पर यहाँ भी बल देता है—'जाकर दूत अनल जेहिं सिरजा' और यहीं वह इस प्रकरण का समापन कर देता है। कवि हनुमान के बलशाली तेजवान् व्यक्तित्व के विकास का अवसर यहाँ के स्थान पर कवितावली में खोजता है—और अत्यन्त विस्तार पूर्वक सत्ताईस छन्दों में हनुमान के द्वारा उत्पन्न किये गये भय, आतंक, संत्रास, पीड़ा भरी मार्मिकता का स्वतंत्र रूप से चित्रण करता है। कवि सुन्दरकांड की प्रस्तावना में प्रतिज्ञाबद्ध है—

नान्यास्पृहा रघुपते हृदयेऽस्मदीयं
सत्यं वदामि च भवानखिलान्तराला।

भय तथा संत्रास के ऊपर श्रीराम की भक्ति का लेप लगाकर कवि भयानक, वीमत्स एवं रौद्र्य रसों को स्निग्ध तथा चिकना बना देता है। काम, क्रोध, उत्साह, भय, शोक सभी राम से सम्बद्ध होकर काम्य हो उठते हैं, कवि ने इसीलिए श्रीराम के माहात्म्य के ऊपर किसी अन्य भाव को प्रतिष्ठित होने नहीं दिया।

सुन्दरकांड का अन्तिम प्रसंग विभीषण का है। इस कांड का विभीषण प्रसंग शरणागति भक्ति का अद्‌भुत दृष्टान्त है। हनुमान की सर्वप्रथम भेंट विभीषण से लंका में सीतान्वेषण के समय पर होती है। यह प्रकरण अन्य रामायणों में नहीं है। लगता है, यह प्रकरण तुलसी की अपनी निजी कल्पना है। तुलसी को सुरसा के व्यापक प्रसंग को कहने के लिए स्थान नहीं है, सिंहिका तथा लंकिनी प्रसंग को प्राय: वह सूचनात्मक ढंग से ही इंगित करते हैं। लंका का सम्पूर्ण राज्य वैभव, समृद्धि, अलंकरण वर्णन में उनकी उतनी रुचि नहीं—जितनी रुचि उपेक्षित, लांछित, अनाथ, प्रताड़ित, अभिशप्त विभीषण की श्रीराम भक्ति के वर्णन के प्रति है। कवि को विभीषण के अवसाद वर्णन के समय इस बात की लेशमात्र भी चिन्ता नहीं है कि यह प्रसंग अपने विस्तार के कारण प्रसंग तथा वर्णन सन्दर्भ को दूषित तो नहीं कर रहा है? नहीं। दूषित करता है तो करे, उन्हें जिसकी तलाश है, वह मिला है, अनाथ और श्रीराम के प्रति समर्पित व्यक्तित्व—

''तात कबहुँ मोहिं जानि अनाथा। करिहहिं कृपा भानुकुल नाथा।''

यही पीड़ा हनुमान की भी थी, यही पीड़ा स्वयं कवि तुलसी की थी और ऐसी ही पीड़ा तुलसी के युग के अनाथ समाज की थी। तुलसी ने विभीषण की इस भक्ति को यह सन्दर्भ देकर केवल कथाक्रम को आगे बढ़ाया है, अपितु उसे मार्मिकता भी प्रदान की है।

यह कथा यहाँ सुन्दरकांड के उत्तरांश में पूर्ण होती है। वाल्मीकि तथा अध्यात्म रामायणों में यह प्रसंग युद्ध कांड (लंका कांड) में अवतरित है। तुलसी इसका अवतरण यहीं सुन्दरकांड में करते हैं। उन्हें हनुमान के पराक्रम को कहने तथा सीता के संदेश से दुखी श्रीराम की विरह दशा को वर्णित करने के स्थान पर अपने भाई द्वारा श्रीराम के प्रति निष्ठा व्यक्त करने की एवज में लात मार कर निकाले गए अनाथ विभीषण की गाथा गाने में अधिक रुचि है। विभीषण के विषय में सुनकर सभी संशय करते हैं कि कहीं शत्रु पक्ष का यह राक्षस हमारा रहस्य जानने के लिए तो नहीं आया है? श्रीराम उत्तर देते हैं—

सखा नीति तुम्ह नीक बिचारी। मम पन सरनागत भय हारी।
सुनि प्रभु बचन हरष हनुमाना। सरनागत बच्छल भगवाना॥

श्रीराम विभीषण को लेने के लिए वानरों को भेजते हैं और वानर उसे सादर आगे करके लिवा चलते हैं। एक भक्त दूर से अपने आराध्य की झाँकी (बिम्बात्मक स्वरूप) किस प्रकार देखता है, उसे तुलसी के शब्दों में इस प्रकार कहा गया है—

दूरहिं ते देखे दौ भ्राता। नयनानंद दान के दाता।
बहुरि राम छवि धाम बिलोकी। रहेउ ठटुकि एकटक पल रोकी।
भुज प्रलंब कजारुन लोचन। स्यामल गात प्रनत भय मोचन।

यही तुलसी के जन-जन के विश्राम श्रीराम हैं और श्रीराम के इसी बिम्ब को तुलसी शरणविहीन जन-जन के हृदय में रोपते हैं ताकि विभीषण के शब्दों में सभी निराश्रित, आश्रयविहीन, उपेक्षित श्रीराम का एकमात्र आश्रय प्राप्त कर सके—

सहज पाप प्रिय तामस देहा। जथा उलूकहिं तम पर नेहा।

श्रवन सुजस सुनि आयउँ प्रभु भंजन भवभीर।
त्राहि त्राहि आरति हरन सरन सुखद रघुबीर।

सम्पूर्ण मध्यकालीन उपेक्षित तथा पीड़ित जनमानस तुलसी की भाँति, विभीषण की भांति कह रहा है—

त्राहि त्राहि आरति हरन सरन सुखद रघुबीर।

तुलसी की सुन्दरकांड की निष्ठा शौर्य, पराक्रम, दूत कर्म, सीता के विरह, रावण के पराजय की निष्ठा नहीं है। कवि की भावात्मक निष्ठा समाज में विभीषण की भाँति पैरों की ठोकर से निराहृत आश्रयविहीन जनमानस को प्रतिष्ठित करने की थी। आज विभीषण धन्य-धन्य है, तुलसी को उसके भाग्य पर ईर्ष्या है—

अहो भाग्य मम अमित अति राम कृपा सुख पुंज।
देखेउँ नयन बिरंचि सिव सेव्य जुगल पदकंज।

और उधर अशरण शरण श्रीराम की वाणी सुनें—कितनी आत्मीयता भरी है—

सुनु लंकेस सकल गुन तोरे। तातें तुम अतिसय प्रिय मोरे।

और श्रीराम के इन बचनों को सुनने पर समाज के सभी प्रताड़ित एवं लज्जित विभीषण के साथ सरणिबद्ध हो उठकर भावासिक्त हो जाते हैं—

सुनत विभीषन प्रभु कै बानी। नहिं अघात श्रवनामृत जानी।
पद अंबुज गहि बारहिं बारा। हृदय समात न प्रेमु अपारा।

और विभीषण जैसे समाज के सभी लांछितों तथा पीड़ितों के सामने तुलसी श्रीराम की उदारता का दृष्टान्त इस प्रकार रखते हैं—

जदपि सखा तव इच्छा नाहीं। मोरे दरसु अमोघ जग माहीं।
अस कहि राम तिलक तेहिं सारा। सुमन वृष्टि नभ भई अपारा।

रावन क्रोध अनल निज स्वास समीर प्रचंड।
जरत विभीषन राखेउ दीन्हेउ राजु अखंड॥
जो संपति सिव रावनहिं दीन्हि दिये दस माथ।
सोइ संपदा विभीषनहिं सकुचि दीन्हि रघुनाथ॥

श्रीराम के इस भावात्मक अतिरेक भरे कृत्य पर तुलसी की अपनी टिप्पणी है—

अस प्रभु छाँड़ि भजहि जे आना। ते नर पसु बिनु पूछ बिषाना।
निज जन जानि ताहिं अपनावा। प्रभु सुभाउ कपि कुल मन भावा।

श्रीराम द्वारा विभीषण को सागर जल से अभिषिक्त करने की घटना तो सर्वत्र वर्णित है, किन्तु यह घटना प्रथमतः लंका कांड में है और द्वितीयतः यहाँ सम्पूर्ण कथा प्रसंग पर हावी यह क्रम मानसेतर अन्य काव्यों में संसूचनात्मक है। तुलसी सुन्दरकांड के प्रारम्भ में इस कथा का वपन करके, हनुमान वध की रावण योजना के सन्दर्भ में पुनः इसको पल्लवित करके, रावण को समझाने–बुझाने तथा सीता को वापस करने के विस्तार से इसे भलीभाँति मंडित करके तथा अन्त में, प्रपत्ति भरी शरणगति एवं समर्पण भाव के रूप में समापन विन्दु पर पहुँचाकर न केवल निराश्रित, पीड़ित एवं सताई गई मध्ययुगीन भारतीय जनता को उसकी सुरक्षा का आधार देते हैं, अपितु अनाथों तथा निरीहों को श्रीराम भक्ति का आलम्बन भी प्रदान करते हैं।

निष्कर्ष रूप से कहा जा सकता है कि तुलसी श्रीरामचरितमानस के सुंदरकांड में भावात्मक निष्पत्ति के रूप में भारतीय निराश्रित तथा असहाय जनमानस को श्रीराम के अनन्य आश्रय का आधार तैयार करते हैं। यदि तुलसी की दृष्टि से सुन्दरकांड के समस्त पात्रों यथा हनुमान, सीता, रावण आदि का महत्त्व की दृष्टि से मूल्यांकन किया जाए तो विभीषण का स्थान सर्वोपरि है और मानस के लंका एवं उत्तरकांडों के अनेक दृष्टान्त इस तथ्य के साक्षी हैं। सुन्दरकांड के विभीषण का यह व्यक्तित्व ऐतिहासिक नहीं, स्वयं तुलसीदास का अपना निजी भोगा हुआ उपेक्षित व्यक्तित्व है जो राम की शरणागति से सार्थकता प्राप्त कर सका है। तुलसी के लिए इस विभीषण का पर्याय तुलसी युगीन निराश्रित जन समूह है। तुलसी विभीषण का संवेदनशील तथा विद्रावक व्यक्तित्व सुन्दरकांड में अवतरित करके परम्परा की रामकथा का मुख गरीब तथा असहाय जनता की ओर मोड़ देते हैं, इसीलिए वे अपनी सम्पूर्ण भावात्मक ऊर्जा न हनुमान की शक्ति और बल से सम्बद्ध करते हैं, न रावण के प्रति आक्रोश तथा अन्याय से सम्बद्ध करते हैं और न श्रीराम की प्राणप्रिया सीता की विरह पीड़ा से उसे सँवारते हैं, वह पूरी तरह से सजग एवं संवेदनशील होकर आश्रय विहीन विभीषण को अपना भावात्मक समर्पण देकर उसे सार्थक बना देते हैं।

सुंदरकांड के कवि तुलसी की यही भव्यता है।

●

सुंदरकांड : तुलसी का शिल्प कौशल

सुंदरकांड का शिल्पविधान पूरी तरह से कथात्मक तंत्र से घिरा हुआ है। जैसा कि कहा गया है, इस कांड का स्वरूप पूरक कथा की भाँति है और सम्पूर्ण कथा के समापन विन्दु की ओर ले जाने के लिए यह आधार का कार्य करता है। प्रारम्भिक रामकथा के रचनाकारों ने इसमें हनुमान के नायकत्व को उभार कर सीतान्वेषण के सन्दर्भ को सम्पुष्ट करना चाहा है किन्तु तुलसी ने हनुमान के नायकत्व के ऊपर श्रीराम के परादैवी माहात्म्य को आरोपित करके श्रीराम की करुणा, दया, शरणागति एवं उदारता को स्थल-स्थल पर इंगित करने का प्रयास किया है। हनुमान का सम्पूर्ण महत्त्व यहाँ श्रीराम के माहात्म्य में अन्तरित दिखाई पड़ता है, और कवि के इस कार्य से कथा के शिल्प विधान के ऊपर कोई प्रतिकूल प्रभाव नहीं पड़ा है।

तुलसी ने परम्परा के सुन्दरकांड के कथा विधान को अपने मन्तव्य के अनुसार तोड़ा है। वाल्मीकि आदि कविगण इस कथाविधान को एक केन्द्रीय संवेदना विन्दु से जोड़कर उसी के आवर्त को विकसित करते रहे हैं—उनकी संवेदना का केन्द्रविन्दु हनुमान के द्वारा सीतान्वेषण का सन्दर्भ रहा है। उनकी कथा का प्रारम्भ तथा समापन सीतान्वेषण से ही सम्बद्ध है तथा कथा का विधानतंत्र इसी सूत्र का अनुवर्ती दिखाई पड़ता है। तुलसी सुन्दरकांड की कथा के इस विधान तंत्र को तोड़ते हैं और सम्पूर्ण कथा को विविध प्रसंगों के द्वारा पूरा करते हैं। यह सत्य है कि ये सम्पूर्ण कथा प्रसंग परस्पर एक दूसरे से अभिन्न भाव से जुड़े हैं और सम्पूर्ण कथा की एकतानता को नष्ट नहीं करते फिर भी, सम्पूर्ण सुंदरकांड की कथा का मन्तव्य हनुमान द्वारा सीतान्वेषण न होकर लंका के लिए 'रणप्रयाण' बन जाता है। वाल्मीकि एवं अध्यात्म रामायणों में रावण सीता को आत्म परिवर्तन के लिए दो मास का समय देता है, मानस में केवल एक मास का समय है और इस एक मास की अवधि को ध्यान में रखकर राम की कपि सेना त्वरित भाव से सागर तट पर पहुँच जाती है। वाल्मीकि एवं अध्यात्म रामायण तथा हनुमन्नाटक तीनों में सुन्दरकांड का समापन श्रीराम को सीता का संदेश सुना देने पर होता है किन्तु तुलसी का सुंदरकांड 'सेतु रचना' की कथा के बाद समाप्त होता है।

वाल्मीकि एवं अध्यात्म रामायणों में इसीलिए कथावस्तु विधान का चरम विन्दु सीतान्वेषण या लंकादहन है किन्तु घटनात्मक समुच्चय के कारण तुलसी के

सुन्दरकांड में चरमविन्दु जैसी रचनादृष्टि नहीं दिखाई पड़ती। विविध कथाएँ यहाँ विकास के सोपानों में कही गई दिखाई पड़ती हैं। मूलतः तुलसी का रामचरित मानस लीलात्मक प्रवाह की रचना है। एक घटना के बाद दूसरी घटना और उस घटना के समापन के बाद उसके बाद वाली घटना और क्रमशः इसी क्रम में सम्पूर्ण रामकथा समाप्त होती है। अयोध्याकांड को छोड़कर तुलसी के मानस के किसी सोपान का अपना कोई केन्द्रीय विन्दु बहुत स्पष्ट एवं सम्पूर्ण कथा के नियामक तत्त्व के रूप में नहीं मिलता। तुलसी इसे कथा का चरितात्मक क्रम कहते हैं। सुन्दरकांड की रचना इसी चरितात्मक क्रम में लिखी गई है।

चरितात्मक क्रम में सुन्दरकांड की रचना करने का अर्थ ही है, कथा में एक केन्द्रीय बीज बिन्दु का निषेध। सुन्दरकांड में भी श्रीराम के माहात्म्य का ही आदि से अन्त तक प्रतिपादन किया गया है—

एहिं महँ आदि मध्य अवसाना। प्रभु प्रतिपाद्य राम भगवाना।

सुन्दरकांड की कथावस्तु के ही प्रत्येक कथा प्रसंग में श्रीराम के माहात्म्य एवं उनके सामर्थ्य का ही वर्णन मिलता है। हनुमान स्वयं श्रीराम के उस सामर्थ्य के प्रतीक हैं।

सुन्दरकांड की इस कथा के विधान का सीधा प्रभाव भाव योजना तथा उसके रस विधान पर पड़ता है। कथा की केन्द्रीय संवेदना के कारण मुख्य रस या भाव का निर्धारण संवेदना में अभिव्यक्त भावात्मक उद्रेक के आधार पर किया जाता है। जैसा कि कहा जा चुका है, सुन्दरकांड में इस कथावस्तु की केन्द्रीय संवेदना का अभाव है और पूरी कथा विविध कथा प्रसंगों के द्वारा पूरी की गई है। यदि ध्यानपूर्वक देखा जाए तो श्रीराम का माहात्म्य ही सुन्दरकांड की केन्द्रीय संवेदना है, और उसे केन्द्रीय संवेदना मान लेने पर समस्त लोकभाव यथा–शौर्य, उत्साह, भय, आतंक, त्रास, भयावहता सभी–के–सभी श्रीराम के माहात्म्य के प्रति समर्पित हैं। मानस के अन्य कांडों की भाँति सुन्दरकांड के अन्तर्गत भी लोकभाव भक्ति भावना पर आश्रित उसके प्रेरक तत्त्व हैं। सीता तथा श्रीराम के विरह शृंगार भाव भी अन्ततया अपनी लोकात्मक मर्यादा का त्याग करके आध्यात्मिक भाव सम्पदा के उपादान बन जाते हैं।

वाल्मीकि रामायण के सुन्दरकांड का सबसे दीप्त रस रौद्र है। यह रौद्र भाव अंगिन् है, वीरोत्साह इसका सहायक है। हनुमान इस वीरभाव संकलित रौद्र रस के नायक हैं किन्तु तुलसी अपने सुन्दरकांड में वाल्मीकि रामायण के इस भावात्मक मिथक को तोड़ते हैं। उनके सुन्दरकांड में विभीषण का दैन्य तथा दास्यभाव हनुमान के वीरोत्साह एवं रौद्र से अधिक प्रभावशाली है। तुलसी विभीषण प्रसंग के माध्यम से दास्यभक्तिरस को पूरी सार्थकता के साथ स्थापित करके रावणवध द्वारा केवल सीता प्राप्ति से ही नहीं, विभीषण को राज्य सौंपने से जोड़ते हैं। तुलसी

मुख्यतः विभीषण की शरणागति के साथ श्रीराम के प्रति अहैतुक समर्पण को इस दास्यभाव का आधार बनाते हैं। विभीषण की दीनता, असहायावस्था, प्रताड़ना, उत्पीड़न एवं आश्रयहीनता कुछ ऐसे तत्त्व हैं जो श्रीराम के प्रति उसकी शरणागति भाव को पुष्ट करते हैं। अन्ततया शरणागति भाव से सम्पुष्ट होकर दास्य भक्ति वासना इस कांड के समापन को पूरी तरह से आक्रान्त कर लेती है। शरणागति द्वारा सम्पुष्ट यह दास्यभक्ति रस तुलसी के सुन्दरकांड में हनुमान के रौद्र एवं वीरोत्साह पर भारी पड़ता है। एक सीमा तक यह भक्ति वासना सीता के विरह शृंगार से भी अधिक महत्त्वपूर्ण हो उठती है क्योंकि शरणागत विभीषण की चिन्ता श्रीराम के लिए मर्यादा तथा नैतिकता से जुड़कर गम्भीर चुनौती का प्रश्न बन जाती है।

सुन्दरकांड का रचनाविधान परम्परित वर्णन क्रम से सम्बद्ध रामचरित मानस के अंग के रूप में होते हुए भी वैशिष्ट्य की दृष्टि से अपना पृथक् अस्तित्व रखता है। प्रारम्भ में हनुमान की त्वरा तथा उत्साह का आलंकारिक वर्णन अतिशयोक्ति से विशेष रूप से जुड़ा हुआ है। अतिशयोक्ति तथा अत्युक्ति के अनेक रूप इन प्रारम्भिक अंशों में हमें दिखाई पड़ते हैं—

जेहिं गिरि चरन देइ हनुमंता। चलेउ सो गा पाताल तुरंता।

× × × ×

जिमि अमोघ रघुपति कर बाना। एही भाँति चलेउ हनुमाना।

वाल्मीकि रामायण में भी इसी प्रकार की उक्ति है—

यथा राघव निर्मुक्तः शरः श्वसन विक्रमः।
गच्छेत् तद्वद् गमिष्यामि लङ्का रावण पालिताम्।

लंकादहन के प्रसंग में भी कवि चपलातिशोयोक्ति का प्रयोग करके वर्णन क्रम को चमत्कारपूर्ण बना देता है—

रहा न नगर बसन घृत तेला। बाढ़ी पूछ कीन्ह कवि खेला।
जारा नगरु निमिष एक माहीं। एक बिभीषन कर घर नाही॥

वस्तुतः त्वरा, उत्साह एवं आवेश की सघनता के लिए अत्युक्ति या अतिशयोक्ति का प्रयोग अधिक उपयोगी बताया गया है और कवि यहाँ पूरी तरह इसका से उपयोग करता है।

सुन्दरकांड में सादृश्यमूलक अलंकारों के अन्तर्गत भेद तथा अभेदमूलक दोनों प्रकार के अलंकार सर्वाधिक मात्रा में मिलते हैं। भेदमूलक सादृश्य के अन्तर्गत उपमा, दृष्टान्त, उदाहरण, निदर्शना अलंकारों के प्रयोग कवि द्वारा वस्तुओं के रूप, गुण एवं क्रिया की विशिष्टता को इंगित करने के लिए किये गये हैं। उदाहरण के लिए कतिपय अलंकार द्रष्टव्य हैं—

सुनु दसमुख खद्योत प्रकासा। कबहुँ कि नलिनी करहि विकासा। (निर्दशना)

× × × ×

स्याम सरोज दाम सम सुन्दर। प्रभु भुज करि कर सम दसकंधर।
सो भुजकंठ कि तव असि घोरा। सुनु सठ अस प्रवान पन मोरा।

× × × × (उपमा)

सुनहु पवन सुत रहनि हमारी। जिमि दसननि महँ जीम बिचारी।
(उदाहरण)

कवि ने सादृश्य विधान के द्वारा संस्कृत की ललित काव्य परम्परा के उपमानों तथा कथन प्रौढ़ियों से सुन्दरकांड के विविध सन्दर्भों को जोड़ने की चेष्टा की है। इस प्रकार के सादृश्य विधान लालित्यभाव के विधायक तत्त्व के रूप में यहाँ प्रगट हुए हैं।

सादृश्यविधान का दूसरा संवर्ग अभेद वर्ग का है और आलंकारिकों ने रूपक अलंकार को इसके अन्तर्गत रखा है। आचार्यों ने तुलसीदास को रूपक का कवि माना है। मानस में सर्वत्र विशाल तथा लघु दोनों प्रकार के रूपक विधानों की प्रचुरता देखी जाती है। सुंदरकांड में तुलसी ने अपेक्षाकृत लघु रूपकों को रखकर वर्ण्यविषय की स्पष्टता को इंगित करने की चेष्टा की है।

रावण क्रोध अनल निज स्वास समीर प्रंचड।
जरत विभीषन राखेउ दीन्हेउ राज अखंड॥

× × × ×

नाम पाहरू दिवस निसि ध्यान तुम्हार कपाट।
लोचन निज पद जंत्रित जाहिं प्रान केहिं बाट।

इन दो रूपकों के माध्यम से कवि ने वस्तु विषय के सन्दर्भ की भावात्मक सघनता को इंगित करने का प्रयास किया है। प्रथम रूपक में भयंकरता के बीच किस प्रकार विभीषण की रक्षा राम ने की इसको कवि प्रचंड अग्नि और उसको बुझाने में सक्षम प्रचंड वायु झोंके के माध्यम से स्पष्ट करता है।

दूसरा रूपक इससे और अधिक संश्लिष्ट तथा लाक्षणिक अर्थ का व्यंजक है। कवि ने इन अलंकारों के अतिरिक्त अन्य सामान्य अलंकारों का प्रयोग भावात्मक उद्रेक एवं सघनता के लिए किया है। परिकरांकुर, सूक्ष्म आदि अलंकारों के प्रयोग एतदर्थ बड़ी ही कुशलतापूर्वक किया गया है—

तत्व प्रेम कर मन अरु तोरो। जानत प्रिया एक मन मोरा।
सो मनु सदा रहत तोहिं पांही। जानु प्रीति रस एतनेहि मांही।

अतिशय प्रेमासक्ति एवं उसकी अभिन्नता का चित्रण कवि यहाँ सूक्ष्म अलंकार के द्वारा करता है।

चन्द्रहास हरु मम परितायं। रघुपति विरह अनल संजातं।
सीतल निसित बहसि बरधारा। कह सीता हरु मम दुख मारा।

'चन्द्रहास' का श्लेष (चन्द्र विलास एवं रावण की तलवार का नाम) दोनों साभिप्राय विशेष के रूप में हैं और इसी श्लेष धर्म के अभिपुष्ट '**सीतल निसित बहसि बरधारा**' के समस्त धर्म है। कवि ने लाक्षणिक परिपाटी का प्रयोग करके अलंकार वैचित्र्य सन्दर्भ को अधिक प्रभावी बनाया है।

कवि ने सुन्दरकांड में आलंकारिक प्रयोग रचना का उपयोग लालित्य विधान तथा भावोत्तेजन के लिए किया है। भावात्मक सघनता से अर्थ चमत्कार को जोड़कर कवि सुन्दरकांड के काव्य सन्दर्भ को उत्कष्ट बनाने के प्रति निरन्तर सचेष्ट है।

इसी क्रम में कवि द्वारा प्रयुक्त कवि समयों एवं काव्य प्रौढ़ियों के प्रयोगों को भी देखा जा सकता है। कवि ने वीर के उत्साह भाव को सक्रिय करने तथा शृंगार रस को अधिक द्रवणशील बनाने के निमित्त संस्कृत काव्य परम्परा से चली आ रहीं रचनात्मक प्रौढ़ियों तथा कवि समयों का पूरी सचेष्टता के साथ उपयोग किया है। विरह के सन्दर्भ में सहिदानी (स्मृति चिह्नों) का प्रयोग (मुद्रिका तथा चूड़ामणि इसके साक्ष्य हैं), नायक-नायिक के बीच घटित गोपनीय प्रणय प्रसंग जो अन्य किसी को न ज्ञात हों (उदाहरण के लिए-जयन्त प्रसंग), नव किसलयों का विरह में दाहक होना, चन्द्र की किरणों का सूर्य किरणों की भाँति दाहक बन जाना, रात्रि का काल रात्रि बन जाना, कमल श्रेणियों का भालों की भाँति नुकीला बनकर हृदय बिद्ध करना, वर्षा की बूँदों का तप्त तैल विन्दुओं की भाँति आघात् पहुँचाना, शीतल, मन्द, सुगन्धमयी त्रिविध वायु का सर्प स्वाँस की भाँति दाहक लगना आदि नाना प्रकार की विरह वर्णन की प्रौढ़ियाँ तथा कवि समय हैं, जिनका उपयोग ललित साहित्य में अर्थ सौन्दर्य की वृद्धि के लिए किया गया है। संस्कृत साहित्य में अभिव्यक्त वर्णन की रूढ़ियों एवं प्रौढ़ियों का वर्णन कवि उसी क्रम में करता है।

संस्कृत साहित्य में सैन्य प्रयाण की वर्णन रूढ़ियों एवं वर्णकों का वर्णन विविध रूपों में मिलता है। तुलसी भी श्रीराम की सेना के प्रस्थान के समय उन वर्णन रूढ़ियों एवं वर्णकों का उपयोग परम्परा क्रम में करते हैं—

नख आयुध्य गिरि पादपधारी। चले गगन गहि इच्छाधारी।
केहरि नाद भालु कपि करहीं। डगमगाहिं दिग्गज चिक्करहीं।

छं०- चिक्करहिं दिग्गज डोल महि गिरि लोल सागर खरभरे।
मन हरष सम गंधर्व सुर मुनि नाग किंनर दुख टरे।

सैन्य प्राण के समय दिग्गजों का डगमगाना, चिक्कार करना, पृथ्वी का कम्पित होना, पर्वतों का चंचल हो उठना, समुद्रों का खलभला जाना आदि अत्युक्ति नहीं

वर्णन की प्रौढ़ियाँ है और वीरोत्साह को जाग्रत करने के लिए प्रस्तुत कवि वीर रस से सम्बद्ध इन प्रौढ़ियों का पूर्णत: उपयोग करता है।

सुन्दरकांड में शब्द, पद तथा वाक्य विधान से अधिक महत्त्वपूर्ण अर्थ रचना विधान है। कवि अर्थरचना की पूर्व प्रचलित परिपाटियों यथा लक्षणा एवं व्यंजना व्यापार का सटीक प्रयोग भाववैचित्र्य एवं कल्पनाविधान के लिए करता है। सुन्दरकांड में रमणीक कल्पना विधान के अनेक प्रसंग कवि की रचनात्मक उत्कृष्टता तथा वाग्विदग्वधता के लिए साक्ष्य हैं। सीता श्रीराम को अपनी विरह पीड़ा का संदेश इस प्रकार भेजती हैं—

मन क्रम बचन चरन अनुरागी। केहिं अपराध नाथ हौं त्यागी।
अवगुन एक मोर मै माना। बिछुरत प्रान न कीन्ह पयाना।
नाथ सो नयनन्हि कर अपराधा। निसरत प्रान करहिं हठि बाधा।
बिरह अगिनि तनु तूल समीरा। स्वास जरइ छन मांहि सरीरा।
नयन स्त्रवहिं जलु निज हित लागी। जरै न पाव देह विरहागी।

सीता कहती है कि उनका शरीर जर्जर होकर रुई की भाँति निष्पन्द हो उठा है और उसे विरहाग्नि जलाना चाहती है किन्तु **'आपके रूप दर्शन के लिए व्याकुल ये लोभी नेत्र'** उसे जलने नहीं देते और प्रचंड बिरहाश्रु प्रवाह से उसे तत्काल बुझा देते हैं।

कवि का यह कथन आर्थी व्यंजना का बड़ा ही सटीक उदाहरण हैं। श्रीराम के विरह में सीता मृत्यु प्राप्त कर लेती किन्तु दर्शन के लोभ से प्राण अभी आशा में अँटके हैं। इस मन्तव्य को व्यंजना व्यापार के द्वारा कवि कितनी उत्कृष्टता से कहता है, यह उसकी अर्थसृजनशक्ति की व्युत्पन्नता का प्रमाण है।

कुल मिलाकर, कवि सुन्दरकांड के प्रसंगों को संस्कृत काव्य परम्परा के लालित्य विधान से जोड़कर उसे मर्म द्रावक बनाने की एक ओर चेष्टा करता है, तो दूसरी ओर, भक्तिरस की भावात्मक भाव दृष्टि से उसे अभिसिक्त करके सामान्य जन के लिए सर्वथा ग्राह्य बनाता है। इस प्रकार, तुलसीदास का सुन्दरकांड आभिजात्य के ललित विधान एवं मध्यकालीन भक्ति वासना के समवेत् सृजन की समवेत् अभिव्यक्ति है।

श्री गणेशाय नमः
श्री जानकीवल्लभो नमः

श्रीरामचरितमानस

पंचम सोपान

सुन्दरकांड

शान्तं शाश्वतमप्रमेयमनघं निर्वाणशान्तिप्रदं
ब्रह्माशम्भुफणीन्द्रसेव्यमनिशं वेदान्तवेद्यं विभुं।
रामाख्यं जगदीश्वरं सुरगुरुं मायामनुष्यं हरिं
वन्देऽहं करुणाकरं रघुवरं भूपालचूणामणिं॥

नान्या स्पृहा रघुपते हृदयेस्मदीये सत्यं वदामि च भवानखिलान्तरात्मा।
भक्तिंप्रयच्छ रघुपुंगव निर्भरां मे कामादिदोषरहितं कुरु मानसं च॥

अतुलितबलधामं स्वर्णशैलाभदेहं दनुजवनकृशानुं ज्ञानिनामग्रगण्यं।
सकलगुणनिधानं वानराणामधीशं रघुपतिवरदूतं वातजातं नमामि॥

अर्थ—शान्त, शाश्वत्, प्रमाणों से अज्ञेय, पापरहित, मोक्ष रूपी परमशान्ति के दाता, ब्रह्मा, शिव एवं शेषनाग से निरन्तर सेवित, वेदान्त द्वारा जाने जाने योग्य, सर्वव्यापक, जगत् के स्वामी, देवताओं के गुरु, माया से आवेष्टित श्रीहरि, श्रीराम के रूप में पुकारे जाने वाले, करुणाशील भूपाल रघुवंशश्रेष्ठ (श्रीराम) मैं आपकी वन्दना करता हूँ।

हे श्रीराम! आप सम्पूर्ण जीवों की अन्तरात्मा में हैं और मैं आपसे सच-सच कह रहा हूँ कि हमारे हृदय में आपके अतिरिक्त और अन्य की स्पृहा (आकांक्षा) नहीं है। हे रघुवंशश्रेष्ठ श्रीराम! मैं आपकी भक्ति की याचना करता हूँ और आप मेरे हृदय को काम-क्रोधादि दोषों से मुक्त कर दें।

अतुलनीय बल के भंडार, स्वर्ण पर्वत (सुमेरु) के सदृश (स्वर्णाभ) कान्तियुक्त शरीरवाले, असुररूपी वन (को ध्वस्त करने) के लिए अग्निस्वरूप,

ज्ञानियों में अग्रगण्य, सम्पूर्ण गुणों के निधान एवं वानरों के स्वामी तथा श्रीराम के श्रेष्ठ दूत, हे वायुपुत्र हनुमान! मैं आपको (श्रद्धया) नमन करता हूँ।

टिप्पणी—(१) ब्रह्म के लीला स्वरूप का स्तवन है। ब्रह्म के सम्पूर्ण धर्मों से संयुक्त, लीलावेष में श्रीराम के रूप में अवतरित, प्रभु की लीला कथा को कवि कहना चाहता है। प्रथम श्लोक में वह लीला ब्रह्म की स्थापना करता है और कहता है कि वह लीला ब्रह्म श्रीराम के रूप में ख्यात हैं। श्रीराम के रूप में ख्यात होने के कारण उनका एक वंश है, कुल है, स्वभाव है, धर्म है—किन्तु सारे धर्म लोक धर्म लीला के हैं। नाम, रूप, गुण, धाम, शील एवं स्वभाव लीला के तत्त्व हैं। इस सबके रूप में श्रीराम ब्रह्म का जो स्वभाव बन गया है, भक्ति सापेक्ष्य में जिस स्वभाव का वह हो गया है, वही कवि को अभीष्ट है।

(२) कवि अपनी निष्ठा तथा आत्मीयता को प्रमाणित करता है, श्रीराम के प्रति अपनी अनन्य गति को इंगित करता है। इस आत्मीयता के लिए अपनी अन्तरात्मा को ही नहीं वरन् अन्तरारात्मा में स्थित स्वयं सम्बोध्य (श्रीराम को ही) साक्षी मानता है। उसकी यही चिन्ता है कि मानस में श्रीराम हैं तो कामादि दोष नहीं आने चाहिए क्योंकि कामादि दोष रहित मानस ही श्रीराम की निवास स्थली है।

(३) हनुमान की स्तुति भी है और इस स्तुति के माध्यम से सर्ग की कथावस्तु का निर्देश भी है। हनुमान सुंदरकांड में जो-जो करेंगे उसकी संक्षिप्त तालिका इस मंगलाचरण के श्लोक में है। अतुलनीय शक्ति के भंडार (समुद्र लंघन), स्वर्णाभ पर्वत की आकृति-सा स्वरूप (सीता के समक्ष स्वस्वरूप निवेदन), असुररूपी बन को ध्वस्त करना तथा लंका को जला डालना रावण को उपदेश, विभीषण मंत्रणा, सीता को सान्त्वना (ज्ञानियों में अग्रगण्य), (दास्य, सख्य, नीति, धर्म नीति आदि) गुणों से संयुक्त (समस्त गुण निधान होना), हताश वानर सेना का नायकत्व संवहन करके सीतान्वेषण के लिए समुद्र लांघना, श्रीराम का दौत्य कर्म क्योंकि श्रीराम ने रामनाम अंकित मुद्रिका हनुमान को ही सौंपी थी, अन्य किसी कपि को नहीं।

जामवंत के बचन सुहाए। सुनि हनुमंत हृदयँ अति भाए॥
तब लगि मोहि परिखहु तुम्ह भाई। सहि दुख कंद मूल फल खाई॥
जब लगि आवौं सीतहि देखी। होइहि काज़ु मोहि हरष बिसेषी॥
अस कहि नाइ सबन्हि कहुँ माथा। चलेउ हरषि हियँ धरि रघुनाथा।।
सिंधु तीर एक भूधर सुंदर। कौतुक कूदि चढ़ेउ ता ऊपर॥
बार बार रघुबीर सँभारी। तरकेउ पवनतनय बल भारी॥
जेहिं गिरि चरन देइ हनुमंता। चलेउ सो गा पाताल तुरंता॥
जिमि अमोघ रघुपति कर बाना। येही भाँति चलेउ हनुमाना॥
जलनिधि रघुपति दूत बिचारी। तैं मैनाक होहि स्त्रमहारी॥

दो०— हनूमान तेहि परसा कर पुनि कीन्ह प्रनाम।
राम काजु कीन्हे बिनु मोहि कहाँ बिस्राम॥ १॥

अर्थ—जाम्बवान् के सुन्दर वचनों को (हनुमान) ने सुना, और वे उन्हें हृदय से अच्छे लगे। हे भाई! (वानर सखागण!) कन्दमूल फल खाते हुए तब तक मुझे परखना (प्रतीक्षा करना) जब तक मैं सीता को देखकर न लौट आऊँ।

यह कार्य अवश्य होना क्योंकि मुझे अत्यधिक (विशेष) हर्ष हो रहा है। ऐसा कहकर और सभी को शीश झुकाकर तथा हृदय में श्रीराम को धारण करके हर्षित भाव से वे चल पड़े।

समुद्र के तट पर एक सुन्दर पर्वत था। कौतुक-कौतुक में उसके ऊपर जा चढ़े। श्रीराम का बार-बार स्मरण करते हुए अत्यधिक बलशाली हनुमान समग्र शक्ति को एकत्रित करके उछले (तरकेउ)।

जिन पर्वत शिखरों पर हनुमान चरण रखकर चले वह (पद न्यास के क्षण ही) पाताल में जा धँसा। जैसे श्रीराम का अमोघ बाण (वेगवान) चलता है, उसी प्रकार हनुमान चले।

समुद्र ने उन्हें श्रीराम का दूत समझकर मैनाक पर्वत से बोला कि हे मैनाक! तू इनकी थकावट को हरण करने वाला बन।

हनुमान ने उसे हाथ से स्पर्श किया फिर प्रणाम करके कहा कि मुझे श्रीराम का कार्य किये बिना विश्राम कहाँ?॥ १॥

टिप्पणी—थोड़ा-पूर्व हनुमान का यह प्रसंग मूलतः किष्किंधाकांड से प्रारम्भ है।

श्रुत्वा जाम्बवतो वाक्यं हनुमानतिहर्षितः।
चकारनादं सिहंस्य ब्रह्माण्डं स्फोटयन् इव
वभूव पर्वताकारस्त्रिविक्रम इवापरः (अध्यात्म रामायण)

यही स्थिति, मानस के किष्किंधाकांड में है—

राम काज लगि तव अवतारा। सुनतहिं भयउ पर्वताकारा॥
सिंहनाद करि बारहिं बारा। लीलहिं नाघहिं जलनिधि खारा॥

वाल्मीकि रामायण में जाम्बवान् के द्वारा शक्ति का स्मरण कराने पर हनुमान का पौरुष एवं पराक्रम स्पृहा तथा गौरव का विषय बन जाता है—

महामेरु प्रतीकाशं मां द्रक्ष्यध्वं प्लवङ्गमाः।
दिवमावृत्य गच्छन्तं ग्रसमानमिवाम्बरम्॥
विधमिष्यामि जीमूतान्, कम्पयिष्यामि पर्वताम्।
सागर शोषयिष्यामि प्लवमानोमहार्णवम्॥

मैं महागिरि मेरु के समान विशाल शरीर धारण करके स्वर्ग को ढँकता और आकाश को निगलता आगे बढ़ूँगा। बादलों को छिन्न-भिन्न कर डालूँगा, पर्वतों को

हिला दूँगा और एकचित्त हो छलांग मारकर आगे बढ़ने पर समुद्र को सुखा दूँगा।

किष्किंधाकांड की इस सम्पूर्ण प्रस्तावना से सुंदरकांड में हनुमान के समुद्रोल्लंघन की घटना का श्रीगणेश होता है।

तुलसी 'सुन्दर पर्वत शिखर' की परिकल्पना करके सुंदरकांड की प्रस्तावना देते हैं—

'सिंधु तीर एक भूधर सुंदर। कौतुक कूदि चढ़ेउ ता ऊपर॥'

वाल्मीकि एवं अध्यात्म रामायणों में 'महेन्द्र पर्वत' का प्रकरण आता है—

'महेन्द्राद्रिशिरोगत्वा वभूवाद्धुत दर्शनः' (अध्यात्म)
'महद्भिरुच्छ्रितं शृंगैः महेन्द्रो स महाबलः' (वाल्मीकि रामायण)

अध्यात्म रामायण तथा वाल्मीकि रामायण में हनुमान का चरित्र इतिवृत्तानुरूप तथा कथात्मक है किन्तु तुलसीकृत सुंदरकांड का हनुमान प्रसंग आस्था, विश्वास एवं श्रद्धा सम्बन्धित कथा प्रौढ़ियों पर आश्रित एवं भावात्मक है। मैनाक प्रसंग में काव्यात्मक एवं आध्यात्मिक दोनों प्रौढ़ियों का समर्थन किया गया है।

जात पवनसुत देवन्ह देखा। जानइ कहुँ बल बुद्धि बिसेषा॥
सुरसा नाम अहिन्ह कै माता। पठइन्हि आई कही तेहिं बाता॥
आजु सुरन्ह मोहि दीन्ह अहारा। सुनत बचन कह पवनकुमारा॥
राम काजु करि फिरि मैं आवौं। सीता कइ सुधि प्रभुहि सुनावौं॥
तब तुअ बदन पइठिहौं आई। सत्य कहउँ मोहि जान दे माई॥
कवनेहु जतन देह नहिं जाना। ग्रससि न मोहि कहेउ हनुमाना॥
जोजन भरि तेहिं बदनु पसारा। कपि तनु कीन्ह दुगुन बिस्तारा॥
सोरह जोजन मुख तेहिं ठएऊ। तुरत पवनसुत बत्तिस भएऊ॥
जस जस सुरसा बदनु बढ़ावा। तासु दून कपि रूप देखावा॥
सत जोजन तेहिं आनन कीन्हा। अति लघु रूप पवनसुत लीन्हा॥
बदन पइठि पुनि बाहेर आवा। माँगा बिदा ताहि सिरु नावा॥
मोहि सुरन्ह जेहि लागि पठावा। बुधि बल मरमु तोर मैं पावा॥

दो०— राम काजु सबु करिहहु तुम्ह बल बुद्धि निधान।
आसिष देइ गई सो हरषि चलेउ हनुमान॥ २॥

अर्थ—वायु पुत्र हनुमान को (आकाश मार्ग से) जाते हुए देवताओं ने देखा, उनकी विशेष बुद्धि एवं बल की परीक्षा के निमित्त सुरसा नाम की सर्पमाता को भेजा और उसने आकर उनसे यह बात कही।

आज देवताओं ने मुझे आहार दिया है। यह वचन सुनकर, हनुमान ने कहा कि श्रीराम का कार्य करके मैं लौट आऊँ और सीता का समाचार (सुधि) उनको सुना दूँ।

तब मैं स्वतः तुम्हारे मुख में आकर प्रविष्ट हो जाऊँगा, हे माँ असत्य नहीं कह रहा हूँ, मुझे जाने दे। (वह जब) किसी भी उपाय से जाने नहीं दे रही है, तब हनुमान ने कहा, तो मुझे निगल क्यों नहीं लेती?

उसने एक योजन तक मुँह-फैलाया तब हनुमान ने अपने शरीर का (उसके) दूना विस्तार किया। उसने सोलह योजन का मुँह किया, हनुमान तुरन्त ही बत्तीस योजन के हो गये।

सुरसा ने जितना-जितना मुख बढ़ाया हनुमान ने उसका दूना रूपाकार दिखाया। तब उसने सौ योजन का मुँह किया, हनुमान ने तब अत्यन्त लघुरूप बनाया।

हनुमान मुख में प्रवेश करके बाहर निकल आये और उन्होंने शीश झुका कर बिदा माँगी। उसने कहा—जिसके लिए देवताओं ने मुझे भेजा था, तुम्हारी (उस) बुद्धि बल का मर्म मैंने प्राप्त कर लिया।

हे बल तथा बुद्धि के भंडार तुम श्रीराम के सभी कार्यों को करोगे, वह आशीर्वाद देकर गई और हनुमान हर्षित भाव से चल पड़े॥ २॥

टिप्पणी—नागमाता सुरसा का प्रसंग वाल्मीकि रामायण में है, किन्तु प्रसंग कथात्मक है। सुरसा मुख बढ़ाने का उपक्रम यहाँ १०, २०, ४०, ६०, ८०, एवं १०० है और हनुमान का १०, ३०, ५०, ७०, ९० योजन के क्रम में है। अन्त में हनुमान 'अंगुष्ठ सदृश' मात्र के होकर मुँह से प्रवेश करके निकल आते हैं। यह हनुमान के कर्म की दुष्करता सभी प्राणियों को प्रभावित करने के लिए है और यही यहाँ इस कथा का सार है। इसी के साथ बल बुद्धि की परीक्षा भी है।

अध्यात्म रामायण में हनुमान पहले अपना मुख एक योजन का फैलाते हैं फिर सुरसा ने पाँच योजन का मुख फैलाया। हनुमान ने उसका दूना कर लिया और सुरसा ने बीस योजन का मुख फैलाया। हनुमान से अपना शरीर तीस योजन का कर लिया तब सुरसा ने अपना मुख पचास योजन का मुख फैलाया और हनुमान 'अंगुष्ठ सदृश' रूप धारण करके उसके मुख में प्रविष्ट कर बाहर निकल आए।

मानस में हनुमान का यह स्वरूप विस्तार कथा के पौराणिक तथा आध्यात्मिक अभिप्राय को व्यंजित करता है—'श्रीराम के कार्य की सफलता की योजना तथा उसके प्रति हनुमान की निष्ठा तथा तत्परता का निर्देश करना कवि का मन्तव्य है—चमत्कार पूर्ण दुष्कर कर्म का सम्पादन नहीं।

'सुरसा प्रसंग' में तुलसी की गहन आस्था हनुमान के साथ है और 'हरषि चलेउ हनुमान' पद में यही आस्था व्यंजित है ।

निसिचरि एक सिंधु महुँ रहई। करि माया नभ के खग गहई॥
जीव जंतु जे गगन उड़ाहीं। जल बिलोकि तिन्ह कै परिछाही॥
गहइ छाँह सक सो न उड़ाई। येहि बिधि सदा गगनचर खाई॥

सोइ छल हनूमान कहँ कीन्हा। तासु कपटु कपि तुरतहिं चीन्हा॥
ताहि मारि मारुतसुत बीरा। बारिधि पार गएउ मति धीरा॥
तहाँ जाइ देखी बन सोभा। गुंजत चंचरीक मधु लोभा॥
नाना तरु फल फूल सुहाए। खग मृग बृंद देखि मन भाए॥
सैल बिसाल देखि एक आगे। तापर धाइ चढ़ेउ भय त्यागे॥
उमा न कछु कपि कै अधिकाई। प्रभु प्रताप जो कालहि खाई॥
गिरि पर चढ़ि लंका तेहिं देखी। कहि न जाइ अति दुर्ग बिसेषी॥
अति उतंग जलनिधि चहुँ पासा। कनककोट कर परम प्रकासा॥

अर्थ—एक राक्षसी समुद्र में रहा करती थी और माया करके आकाश के पक्षियों को पकड़ लेती थी। आकाश में जो भी जीव जन्तु उड़ा करते थे, वह उनकी जल में छाया देखकर।

उस छाया को ही पकड़ लेती थी, जिससे वे उड़ नहीं सकते थे। उसने हनुमान से भी वही छल किया। हनुमान ने तुरन्त ही उसका कपट समझ लिया।

उसे मार कर पराक्रमी एवं धीर बुद्धि वायुपुत्र समुद्र के पार गये। उन्होंने जाकर वहाँ वाटिका की शोभा देखी (जहाँ) मधु के लोभ में भ्रमर गुंजार रहे थे।

भाँति-भाँति के वृक्ष, फल, पुष्प शोभित थे और पक्षी तथा पशु समूहों को देखकर मन में प्रसन्न हुए। आगे एक विशाल पर्वत (त्रिकूट) देखकर निर्भय भाव से हनुमान उस पर दौड़ कर चढ़ गये।

(शिव कहते हैं) हे पार्वती! यह वानर हनुमान का कुछ भी बड़प्पन नहीं है। यह प्रभु श्रीराम का प्रताप है, जो काल को भी खा जाता है। पर्वत पर चढ़कर हनुमान ने लंका देखी—अत्यन्त विशिष्ट रचना संयुक्त (विसेषी) दुर्ग का वर्णन करते नहीं बनता।

वह अत्यन्त ऊँचा है, चारों ओर समुद्र है, सोने की चहारदीवारी (कोट : परकोट) अत्यन्त प्रकाश हो रहा था।

टिप्पणी—'सिंहिका' नामक राक्षसी के वध का प्रकरण अध्यात्म एवं वाल्मीकि रामायण दोनों में है। कवि इस कथा का सांकेतिक वर्णन करके लंका दर्शन प्रसंग पर पहुँच जाता है। वाल्मीकि रामायण का लंकानगर वर्णन अद्‌भुत, अलंकार योजना से संयुक्त, नगर वैभव तथा समृद्धि का द्योतक एवं काव्य परिपाटी से परिपूर्ण है। इस कांड की आलंकारिक एवं भाषागत समृद्धि के कारण ही सम्भवतया इसका नाम सुंदरकांड रखा गया है। तुलसी का 'लंकादर्शन' अति संक्षिप्त एवं संसूचनात्मक है।

छंद— कनक कोट विचित्र मनिकृत सुंदरायतना घना।
चउहट्ट हट्ट सुबट्ट बीथीं चारु पुर बहु बिधि बना॥

गज बाजि खच्चर निकर पदचर रथबरूथन्हि को गनै।
बहु रूप निसिचर जूथ अतिबल सेन बरनत नहि बनै॥
बन बाग उपवन बाटिका सर कूप बापी सोहहीं।
नर नाग सुर गंधर्व कन्या रूप मुनि मन मोहहीं॥
कहुँ माल देह बिसाल सैल समान अति बल गर्जहीं।
नाना अखारेन्ह भिरहिं बहु बिधि एक एकन्ह तर्जहीं॥
करि जतन भट कोटिन्ह बिकट तन नगर चहुँ दिसि रच्छहीं।
कहुँ महिष मानुष धेनु खर अज खल निसाचर भच्छहीं॥
येहि लागि तुलसीदास इन्हकी कथा कछु एक है कही।
रघुबीर सर तीरथ सरीरन्हि त्यागि गति पइहहिं सही॥

दो०— पुर रखवारे देखि बहु कपि मन कीन्ह बिचार।
अति लघु रूप धरौं निसि नगर करौं पइसार॥ ३॥

अर्थ—विभिन्न मणियों से निर्मित स्वर्णिम परकोटे तथा विशाल एवं सघन भवन हैं। चौराहे, बाजार (हट्ट-बाजार), सुन्दर मार्ग एवं गलियाँ हैं और सुन्दर नगर भलीभाँति सजाया गया है। हाथी, घोड़े, खच्चर समूह तथा पैदल एवं रथ समूहों की कौन गणना कर सकता है। अनेक रूपों के राक्षस दल हैं, उनकी अत्यन्त शाक्तिशाली सेना का कौन वर्णन कर सकता है?

वन बाग, उपवन, वाटिका, सरोवर, कुएँ, बावलियाँ (स्थल-स्थल पर) शोभित हैं। मनुष्य, नाग, देव तथा गन्धर्व की कन्याएँ अपने रूप सौन्दर्य से मुनियों के मन को भी मुग्ध कर ले रही हैं। कहीं विशाल शरीर-वाले पर्वत की आकृति के सदृश योद्धा (माल-मल्ल) गरज रहे हैं। अनेक प्रकार के अखारे हैं जिनमें वे बहुत प्रकार से भिड़ते तथा एक दूसरे को ललकारते हैं।

भयंकर शरीर वाले कोटि-कोटि योद्धा बड़े यत्न करके नगर की चारों ओर से रक्षा कर रहे हैं। कहीं ये खल राक्षस भैंसे, मनुष्य, गाय, गधों तथा बकरों को खा रहे हैं। तुलसीदास ने इनकी कथा इसीलिए अति संक्षेप में कही है कि ये श्रीराम के बाणरूपी तीर्थ में शरीर परित्याग करके सद्गति प्राप्त करेंगे।

अनेकानेक नगर के रक्षकों को देख करके हनुमान ने मन में विचार किया कि अति लघु स्वरूप धारण करके मैं रात्रि के समय नगर में प्रवेश करूँगा॥ ३॥

टिप्पणी—वाल्मीकि रामायण में यह प्रसंग अत्यन्त विस्तृत है किन्तु कवि कारण देकर यहाँ कहा है कि—

'एहिं लागि तुलसीदास इनकी कथा कछु एक है कही।
रघुवीर सर तीरथ सरीरन्हि त्यागि गति पैहहिं सही॥'

हनुमान के 'लंका दर्शन का प्रसंग' अध्यात्म रामायण में नहीं है। कवि तुलसीदास वाल्मीकि की भाँति इस प्रसंग को काव्यात्मक एवं अति विस्तृत काव्य

विधान से संयुक्त करके नहीं प्रस्तुत करता। यहाँ कवि केवल पौराणिक विश्वासों पर आधारित हनुमान के चरित्र की रचना करना चाहता है—अतः हनुमत् पर ही उसकी मूल दृष्टि है। फिर भी इस प्रसंग का आधार वाल्मीकि रामायण ही है।

मसक समान रूप कपि धरी। लंकहि चलेउ सुमिरि नरहरी॥
नाम लंकिनी एक निसिचरी। सो कह चलेसि मोहि निंदरी॥
जानेहि नहीं मरमु सठ मोरा। मोर अहार जहाँ लगि चोरा॥
मुठिका एक महाकपि हनी। रुधिर बमत धरनी ढनमनी॥
पुनि संभारि उठी सो लंका। जोरि पानि कर बिनय ससंका॥
जब रावनहि ब्रह्म बर दीन्हा। चलत बिरंचि कहा मोहि चीन्हा॥
बिकल होसि तैं कपि कें मारे। तब जानेसु निसिचर संघारे॥
तात मोर अति पुन्य बहूता। देखेउँ नयन राम कर दूता॥

दो०— तात स्वर्ग अपबर्ग सुख धरिअ तुला एक अंग।
तूल न ताहि सकल मिलि जो सुख लव सतसंग॥ ४॥

अर्थ—हनुमान ने मच्छर के समान स्वरूप धारण किया और (वह) नर रूप श्रीहरि का स्मरण करके लंका के अन्दर चले। (वहीं द्वार पर) लंकिनी नाम की एक राक्षसी रहती थी, उसने कहा, मेरा निरादर करके (अर्थात् बिना मेरी अनुमति के) तू कहाँ चला जा रहा है?

रे शठ! तूने मेरा भेद नहीं जाना? जहाँ तक चोर हैं (अर्थात्, जो चोरी से लंका में प्रवेश करते हैं), वे सब मेरे आहार हैं। महाकपि हनुमान ने एक मुष्टिका मारी और वह खून का वमन करती पृथ्वी पर लुढ़क पड़ी।

पुनः वह लंकिनी सम्हाल कर उठी और हाथ जोड़कर भय समन्वित उसने विनती की। जब ब्रह्मा ने रावण को वरदान दिया तो चलते समय ब्रह्मा ने मुझे यह पहचान (चिह्न) बता दी।

तू जब बंदर के मारने से व्याकुल होगी तब तू राक्षसों का संहार जान लेना। हे तात! यह मेरे लिए अत्यधिक पुण्य है कि मैंने (अपने) नेत्रों से श्रीराम का दूत विशेष देखा।

हे तात! स्वर्ग तथा मोक्ष के सुखों को तराजू के एक पलड़े पर रखा जाये तो भी वे सब मिलकर सत्संग के लव (पल मात्र) के सुख के तुल्य नहीं हैं॥ ४॥

टिप्पणी—लंका नगर में प्रवेश के समय स्वयं रावण पालित लंका में राक्षसी के वेष में आकर अवरोध करना वाल्मीकि रामायण की परिकल्पना है और अध्यात्म रामायण से होते हुए रामचरित मानस तक पहुँची है। लंकिनी को ब्रह्मा द्वारा यह वरदान प्राप्त था कि उसके पराजित होने पर रावण एवं राक्षसों पर भयंकर विपत्ति आएगी। वह प्रताड़ित किये जाने पर इस रहस्य की सूचना हनुमान

को देती है। राम के अवतीर्ण होने की सूचना अध्यात्म रामायण में लंकिनी द्वारा दी गई है, तुलसी इस प्रसंग का यहाँ विस्तार करते हुए उसके माध्यम से प्रकारान्तरभावेन श्रीराम के माहात्म्य का निरूपण करते हैं।

प्रबिसि नगर कीजै सब काजा। हृदयँ राखि कोसलपुर राजा॥
गरल सुधा रिपु करहिं मिताई। गोपद सिंधु अनल सितलाई॥
गरुड़ सुमेरु रेनु सम ताही। राम कृपा करि चितवा जाही॥
अति लघु रूप धरेउ हनुमाना। पैठा नगर सुमिरि भगवाना॥
मंदिर मंदिर प्रति करि सोधा। देखे जहँ तहँ अगनित जोधा॥
गएउ दसानन मंदिर माहीं। अति बिचित्र कहि जात सो नाहीं॥
सयन किए देखा कपि तेही। मंदिर महुँ न दीखि बैदेही॥
भवन एक पुनि दीख सोहावा। हरि मंदिर तहँ भिन्न बनावा॥

दो०— रामायुध अंकित गृह सोभा बरनि न जाइ।
नव तुलसिका बृंद तहँ देखि हरष कपिराइ॥ ५॥

अर्थ—अयोध्या नगर के नरेश श्रीराम को हृदय में धारण किये हुए लंका नगरी में प्रवेश करके कार्य (सिद्ध) कीजिये। (उनके कारण) विष अमृत सदृश एवं शत्रु मित्रता करने लगते हैं, समुद्र गाय के खुर के बराबर हो जाता है और अग्नि में शीतलता आ जाती है।

हे गरुड़! जिसे श्रीराम ने कृपापूर्वक एक बार देख लिया उसके लिए (दुर्लंघ्य) सुमेरु पर्वत रेणु (धूलि रज) के सदृश है। तब हनुमान ने अत्यधिक लघु रूप धारण किया और श्रीहरि का स्मरण करके वह नगर में प्रविष्ट हुआ।

प्रत्येक महल महल में खोज की और जहाँ-तहाँ अगणित योद्धा देखे। वह रावण के महल में गया, वह अत्यन्त विचित्र था, उसका वर्णन नहीं हो सकता।

वहाँ उसने उसे शयन किये देखा किन्तु महल में सीता न दिखीं। इसके पश्चात् एक सुन्दर भवन दिखाई पड़ा, जहाँ एक सबसे भिन्न श्रीहरि का मन्दिर बना हुआ था।

वह राजगृह श्रीराम के आयुध (धनुष-बाण) (के चित्र) से अंकित था, उसकी शोभा का वर्णन करते नहीं बनता। वहाँ नए तुलसी के पौधों के समूह को देखकर हनुमान हर्षित हो उठे॥ ५॥

टिप्पणी—सीतान्वेषण में तत्पर हनुमान के लिए वह लंकिनी प्रेरणा बन जाती है। लंकिनी की प्रेरणा से हनुमान अतिलघुरूप धारण करके लंका में प्रवेश करते हैं। वाल्मीकि रामायण में भी वह लंकिनी कहती है—

प्रविश्य शापोहपहतां हरीश्वर।
पुरीं शुभां राक्षस मुख्यं पालिताम्॥

अध्यात्म रामायण में यह लंकिनी स्वयं बताती है कि रावण के अन्त:पुर के क्रीड़ावन में स्थित अशोक वाटिका में शिंशपा (शीशम) के वृक्ष ने नीचे सीता है। तुलसी मानस में इस रहस्य का उद्‌घाटन विभीषण के मुख से कराते हैं।

लंका निसिचर निकर निवासा। इहाँ कहाँ सज्जन कर बासा॥
मन महुँ तरक करै कपि लागा। तेहीं समय बिभीषनु जागा॥
राम राम तेहिं सुमिरन कीन्हा। हृदयँ हरष कपि सज्जन चीन्हा॥
येहि सनु हठि करिहौं पहिचानी। साधु ते होइ न कारज हानी॥
बिप्र रूप धरि बचन सुनाए। सुनत बिभीषन उठि तहँ आए॥
करि प्रनामु पूँछी कुसलाई। बिप्र कहहु निज कथा बुझाई॥
की तुम्ह हरि दासन्ह महुँ कोई। मोरे हृदयँ प्रीति अति होई॥
की तुम्ह रामु दीन अनुरागी। आएहु मोहिं करन बड़भागी॥

दो०— तब हनुमंत कही सब राम कथा निज नाम।
सुनत जुगल तन पुलक मन मगन सुमिरि गुनग्राम॥ ६॥

अर्थ—लंका तो राक्षस समूहों की निवास स्थली है, यहाँ सज्जन पुरुष का निवास स्थान कहाँ? हनुमान मन-ही-मन वितर्कणा करने लगे, इसी बीच में विभीषण जगे।

उन्होंने श्रीराम श्रीराम का स्मरण (उच्चारण) किया। हनुमान ने उन्हें सज्जन समझा और वे हृदय से हर्षित हुए। उन्होंने संकल्प किया कि इससे हठपूर्वक पहचान करेंगे क्योंकि साधु पुरुष से (कभी) कार्य की हानि नहीं होती।

ब्राह्मण का स्वरूप धारण करके हनुमान ने वाणी सुनाई जिसे सुनकर विभीषण उठकर वहाँ आ गये। प्रणाम करके कुशल-क्षेम पूछा और कहा कि हे ब्राह्मण देवता! अपनी कथा समझा कर बताइये।

क्या आप किन्हीं हरिभक्तों में से हैं क्योंकि आपको देखकर मेरे हृदय में प्रेम उत्पन्न हो रहा है। क्या आप दीनों पर अनुराग रखने वाले स्वयं श्रीराम ही तो नहीं हैं जो मुझे अत्यधिक सौभाग्यवान बनाने के लिए यहाँ आये हैं।

तब हनुमान ने श्रीराम की सम्पूर्ण कथा समझाकर अपना नाम बताया। उसे सुनते ही दोनों के शरीर पुलकित हो उठे और श्रीराम के गुण-समूहों का स्मरण करते हुए दोनों के मन आनन्द मग्न हो उठे॥ ६॥

टिप्पणी—लंका में विभीषण प्रसंग की उद्भावना आकस्मिक रूप से होती है। अन्वेषण उद्योग में विभीषण का सहयोग सर्वोपरि है और यह कथा परम्परित रूप से प्राय: बाद के सभी रामायणों में प्राप्त होती है। विभीषण के प्रसंग को तुलसी रामभक्ति से जोड़ते हैं जबकि वाल्मीकि तथा अध्यात्म रामायणों में विभीषण का प्रसंग नहीं है।

सुनहु पवनसुत रहनि हमारी। जिमि दसनन्हि महुँ जीभ बिचारी॥
तात कबहुँ मोहि जानि अनाथा। करिहहिं कृपा भानुकुल नाथा॥
तामस तनु कछु साधन नाहीं। प्रीति न पद सरोज मन माहीं॥
अब मोहि भा भरोस हनुमंता। बिनु हरि कृपा मिलहिं नहिं संता॥
जौं रघुबीर अनुग्रह कीन्हा। तौ तुम्ह मोहि दरसु हठि दीन्हा॥
सुनहु बिभीषन प्रभु कै रीती। करहिं सदा सेवक पर प्रीती॥
कहहु कवन मैं परम कुलीना। कपि चंचल सबही बिधि हीना॥
प्रात लेइ जो नाम हमारा। तेहि दिन ताहि न मिलइ अहारा॥

दो०— अस मैं अधम सखा सुनु मोहू पर रघुबीर।
कीन्ही कृपा सुमिरि गुन भरे बिलोचन नीर॥ ७॥

अर्थ—[विभीषण ने बताया] कि हे वायु पुत्र हनुमान! मेरी रहनी (जीवन व्यतीत करना) सुनो, यह उसी प्रकार है—जैसे दांतों के बीच में असहाय जिह्वा। हे तात! मुझे अनाथ समझकर सूर्य कुल के स्वामी श्रीराम कभी कृपा करेंगे!

इस तामस (राक्षस) शरीर से कुछ पुण्यकृत (साधन) सम्भव नहीं हैं और न मेरे मन में (श्रीराम) चरण कमलों के प्रति प्रेम ही है किन्तु हे हनुमान! अब मुझे भरोसा हो गया क्योंकि प्रभु की कृपा के बिना सन्त़जन नहीं मिलते।

जब श्रीराम ने ही कृपा की तभी आपने भी हठपूर्वक मुझे दर्शन दिया है। (हनुमान ने कहा) हे विभीषण सुनें, यह प्रभु श्रीराम की रीति है कि वे सदैव ही सेवक पर प्रेम किया करते रहते हैं॥

(हे विभीषण) बताइये, मैं भला कौन-सा कुलीन? एक तो चंचल वानर तथा हर प्रकार से अधम। प्रातः जो हम लोगों का नाम ले ले उस दिन उसे आहार न प्राप्त हो।

हे सखा विभीषण! सुनें, मुझ जैसा अधम? और उस पर भी श्रीराम ने (मुझ पर भी) कृपा की है। श्रीराम के गुणों का स्मरण करके नेत्रों में जल भर आय॥ १७॥

टिप्पणी—राम भक्ति विभीषण तथा हनुमान के मैत्री का कारण बनती है और विभीषण का यह प्रसंग कवि राम भक्ति की उद्‌भावना के लिए मुख्य रूप से अवतरित करता है। सीतान्वेषण के उद्योग में सहायता तो गौण धर्म है। हनुमान विभीषण को श्रीराम का स्वभाव बताकर उन्हें श्रीराम की शरण में जाने के लिए प्रेरित करते हैं। विभीषण का श्रीराम की शरण में जाना भक्ति तथा राजनीति दोनों उद्देश्यों की सम्पुष्टि करता है। वाल्मीकि रामायण में यह प्रसंग नहीं है।

जानतहूँ अस स्वामि बिसारी। फिरहिं ते काहे न होहिं दुखारी॥
येहि बिधि कहत राम गुनग्रामा। पावा अनिर्बाच्य बिस्त्रामा॥
पुनि सब कथा बिभीषन कही। जेहि बिधि जनकसुता तहँ रही॥

तब हनुमंत कहा सुनु भ्राता। देखी चहौं जानकी माता॥
जुगुति बिभीषन सकल सुनाई। चलेउ पवनसुत बिदा कराई॥
करि सोइ रूप गएउ पुनि तहवाँ। बन असोक सीता रह जहवाँ॥
देखि मनहिं महुँ कीन्ह प्रनामा। बैठेहिं बीति जात निसि जामा॥
कृसतनु सीस जटा एक बेनी। जपति हृदयँ रघुपति गुन स्त्रेनी॥

दो०— निज पद नयन दिए मन राम चरन महुँ लीन।
परम दुखी भा पवनसुत देखि जानकी दीन॥ ८॥

अर्थ—स्वामी श्रीराम को इस प्रकार जानकर भी उन्हे (लोग) भूल बैठे तथा भटकते फिरते हैं फिर वे दुखी क्यों न हों? इस प्रकार श्रीराम के गुणों का गायन करते हुए दोनों ने अनिवर्चनीय परम शान्ति (विश्रान्ति) का अनुभव किया।

पुनः विभीषण ने, जिस प्रकार सीता लंका में रहती है, वह सम्पूर्ण कथा सुनाई। तब हनुमान ने कहा कि हे भाई सुनो! मैं माता सीता को देखना चाहता हूँ।

विभीषण ने इस (दर्शन) की सम्पूर्ण युक्ति बताई तब हनुमान विदा लेकर चल पड़े। वही (लघुरूप) धारण करके पुनः वहाँ उस अशोक वन में गये, जहाँ रहती थीं।

उन्हें देखकर मन-ही-मन प्रणाम किया। उनके (सीता को) बैठे-ही-बैठ रात्रि के (चारों) प्रहर बीत जा रहे थे। उनका शरीर कृश है, सिर पर जटाओं की एक वेणी है और हृदय में श्रीराम के गुणों के समूहों का जाप (स्मरण) कर रही हैं।

सीता अपने नेत्रों को अपने चरणों में लगाये हुए हैं और किन्तु मन श्रीराम के चरण-कमल में लीन है। सीता को अत्यधिक दुखी देखकर वायुपुत्र अत्यन्त पीड़ित हुए॥ ८॥

टिप्पणी—विभीषण सीता से सम्पर्क साधने का उपाय हनुमान को बताता है। हनुमान विभीषण द्वारा बताई हुई युक्ति से ही सीता को खोज पाते हैं।

कवि इन पंक्तियों के उत्तरार्ध में सीता की अत्यन्त क्लेश भरी विरहिणी मुद्रा को इंगित करने की कोशिश करता है। वाल्मीकि रामायण में शोक सन्तप्त सीता का वर्णन अत्यधिक विस्तार पूर्वक मिलता है। तुलसी सीता के शोक को मात्र एक ही पंक्ति में अंकित करते हैं—

'निज पद नयन दिये मन राम चरन महुँ लीन'

'सीता के नेत्र अपने चरणों को देख रहे थे और मन श्रीराम के चरणों में लीन हैं' तुलसी की इतनी सी उक्ति वाल्मीकि रामायण के अनेक छन्दों में वर्णित सीता की वियोग दशा के चित्रण से कहीं अधिक मार्मिक दिखाई पड़ती है।

तरु पल्लव महुँ रहा लुकाई। करइ बिचार करौं का भाई॥
तेहिं अवसर रावनु तहँ आवा। संग नारि बहु किए बनावा॥
बहु बिधि खल सीतहि समुझावा। साम दान भय भेद देखावा॥
कह रावनु सुनु सुमुखि सयानी। मंदोदरी आदि सब रानी॥
तव अनुचरीं करौं पन मोरा। एक बार बिलोकु मम ओरा॥
तृन धरि ओट कहति बैदेही। सुमिरि अवधपति परम सनेही॥
सुनु दसमुख खद्योत प्रकासा। कबहुँ कि नलिनी करइ बिकासा॥
अस मन समुझि कहति जानकी। खल सुधि नहिं रघुबीर बान की॥
सठ सूने हरि आनेहि मोही। अधम निलज्ज लाज नहिं तोही॥

दो०— आपुहि सुनि खद्योत सम रामहिं भानु समान।
परुष बचन सुनि काढ़ि असि बोला अति खिसिआन॥ ९॥

अर्थ—तरु पल्लवों में छिपे हुए हनुमान विचार करते हैं कि हे भाई! अब क्या करूँ! उसी समय शृंगार सज्जा किये हुए अनेक स्त्रियों के साथ रावण आया।

उस दुष्ट ने अनेक प्रकार से सीता को समझाया तथा साम, दाम, भय एवं भेद दिखाया। रावण ने कहा कि हे सुमुखि! हे सयानी! सुनो, मंदोदरी आदि समस्त रानियों को,

मेरा यह प्रण है कि तुम्हारी दासी बना दूँगा, तुम (बस) एक बार मेरी ओर देख भर लो। परम स्नेही अयोध्या के स्वामी श्रीराम का स्मरण करते हुए सीता तिनके की आड़ से कहती हैं।

हे रावण! सुन, क्या कभी कुमुद जुगनू के प्रकाश से खिल सकता है? सीता पुनः कहती हैं कि ऐसा हृदय में विचार करके समझो। रे दुष्ट तुझे श्रीराम के बाणों की खबर नहीं है।

हे शठ! तू मुझे एकान्त पाकर हर ले आया। रे अधम, रे निर्ल्लज! तुझे लज्जा नहीं आती।

अपने को जुगुनू की भाँति और श्रीराम को सूर्य की भाँति सुनकर और सीता के (इसी प्रकार के) अन्य परुष वचनों को सुनकर रावण तलवार निकाल कर बोला॥ ९॥

टिप्पणी—रावण के आने का प्रसंग सीता की श्रीराम-निष्ठा की परीक्षा से सम्बन्धित है। वाल्मीकि के अनुसार मंगलवाद्यों से प्रेरित कामभावना से संसक्त सभी प्रकार के अलंकरणों से सज्जित रावण सीता के पास आता है। वह अनेक नारियों के उद्दीपक वातावरण का परिवेश भी तैयार करता है, वह सीता को अनेक प्रलोभन तथा भय एवं संत्रास से संयुक्त करता है, किन्तु सीता अडिग हैं। तुलसी भी 'अंगनारि बहु किये बनावा' से इसी मन्तव्य को कहना चाहते हैं। सीता की उपेक्षा,

भर्त्सना, निन्दा तथा निरादर से अपमानित रावण निराश एवं खीझ से भरा हुआ लौटता है। तुलसी की भर्त्सना अधिक लोकात्मक है—

'अधम निलज्ज लाज नहिं तोहीं'

किन्तु, वाल्मीकि रामायण में सीता रावण की निन्दा करती हुई उसे श्रीराम का पराक्रम ही अधिक सुनाती हैं।

सीता तैं मम कृत अपमाना। कटिहउँ तव सिर कठिन कृपाना॥
नाहिं त सपदि मानु मम बानी। सुमुखि होति न त जीवन हानी॥
स्याम सरोज दाम सम सुंदर। प्रभु भुज करि कर सम दसकंधर॥
सो भुज कंठ कि तव असि घोरा। सुनु सठ अस प्रवान पन मोरा॥
चंद्रहास हरु मम परितापं। रघुपति बिरह अनल संजातं॥
सीतल निसित बहसि बर धारा। कह सीता हरु मम दुख भारा॥
सुनत बचन पुनि मारन धावा। मयतनया कहि नीति बुझावा॥
कहेसि सकल निसिचरिन्ह बोलाई। सीतहि बहु बिधि त्रासहु जाई॥
मास दिवस महुँ कहा न माना। तौ मैं मारबि काढ़ि कृपाना॥

दो०— भवन गएउ दसकंधर इहाँ पिसाचिनि बृंद।
सीतहि त्रास देखावहिं धरहिं रूप बहु मंद॥ १०॥

अर्थ—सीते! तूने मेरा अपमान किया है। मैं तेरा सिर इस कठोर कृपाण से काट लूँगा। नहीं तो, मेरी बातों को शीघ्र मानो, अन्यथा हे सुमुखि! जीवन से हाथ धोना पड़ेगा।

हे रावण! प्रभु की भुजा तो श्याम कमल की माला के सदृश सुन्दर एवं हाथी के सूँड़ के समान (पुष्ट) है। वह भुजा या तो मेरे गले में पड़ेगी या तुम्हारी भयंकर तलवार। हे शठ! सुनो, मेरे प्रण का यही प्रमाण (सत्यता) है।

हे चन्द्रहास! (रावण की तलवार का नाम) रघुपति की विरहाग्नि से उत्पन्न मेरे कष्टों का हरण करो। तू शीतल, तीव्र, और श्रेष्ठ धारा बहाती हो।

उनके वचनों को सुनकर वह पुनः मारने दौड़ा किन्तु मन्दोदरी ने नीति कहकर उसे समझाया। उसने तब, राक्षसियों को बुलाकर कहा कि सीता को जाकर अनेक प्रकार के त्रास पहुँचाओ।

महीने भर में यदि इसने बात नहीं मानी तो मैं तलवार निकाल कर इसका वध कर डालूँगा।

(इस प्रकार कहकर) रावण घर गया और इधर राक्षसियों का समूह नाना प्रकार के भयानक रूप धारण करके सीता को भय दिखाने लगा॥ १०॥

टिप्पणी—सीता के अपमान तथा तिरस्कार से क्षुब्ध रावण की प्रतिक्रिया का कवि वर्णन करता है। इस वर्णन में रावण का क्रोध अधिक भयावह है। कवि

रावण के इस क्रोध को भी सह सकने की सामर्थ्य से सीता के स्वरूप को चित्रित करता है। इस चित्रण का सन्दर्भ आलंकारिक है—'सोभुज कंठ कि तब असि घोरा' यह सीता की प्रतिज्ञा है—व्यंजना है, तलवार की धार पर भी रहकर पातिव्रत धर्म का निर्वाह करूँगी, अन्यथा प्राणान्त निश्चित है। रावण द्वारा एक मास का समय दिया जाना आगे आने वाली कथा को त्वरापूर्वक बढ़ाने के मन्तव्य को पूरा करना है।

त्रिजटा नाम राक्षसी एका। राम चरन रति निपुन बिबेका॥
सबन्हौं बोलि सुनाएसि सपना। सीतहि सेइ करहु हित अपना॥
सपनें बानर लंका जारी। जातुधान सेना सब मारी॥
खर आरूढ़ नगन दससीसा। मुंडित सिर खंडित भुज बीसा॥
येहि बिधि सो दच्छिन दिसि जाई। लंका मनहुँ बिभीषन पाई॥
नगर फिरी रघुबीर दोहाई। तब प्रभु सीता बोलि पठाई॥
येह सपना मैं कहौं पुकारी। होइहि सत्य गएँ दिन चारी॥
तासु बचन सुनि ते सब डरीं। जनकसुता के चरनन्हि परीं॥

दो०— जहँ तहँ गईं सकल तब सीता कर मन सोच।
मास दिवस बीते मोहि मारिहि निसिचर पोच॥ ११॥

अर्थ—अत्यन्त चतुर, विवेकवती, श्रीराम के चरणों में रति रखने वाली त्रिजटा नामकी एक राक्षसी थी। उसने सभी को बुलाकर अपना स्वप्न बताया और कहा कि सीता की सेवा करके अपना-अपना हित साध लो।

स्वप्न में एक बानर ने लंका जला डाली तथा समस्त राक्षसी सेना को मार डाला। नग्न रावण गधे पर बैठा हुआ सिर मुड़ा हुआ है और बीसों भुजाएँ कटी हुई हैं।

इस प्रकार वह दक्षिण दिशा की ओर जा रहा है और मानो लंका विभीषण ने प्राप्त कर ली हो। लंका नगरी में श्रीराम की दुहाई फिर गई है और इसके पश्चात् श्रीराम ने सीता को बुलवा लिया।

मैं पुकार-पुकार कर कहती हूँ कि यह स्वप्न दो-चार दिन सत्य होकर रहेगा। उसके वचन के सुनकर वे सब राक्षसियाँ डर गईं और (भयवश) सीता के चरणों में आ पड़ीं।

वे सब जहाँ-तहाँ चली गईं और सीता मन में सोच करने लगीं कि एक महीने भर बीत जाने पर अधम राक्षस मुझे मार डालेगा॥ ११॥

टिप्पणी—त्रिजटा प्रसंग सीता के वियोग के सन्दर्भ में इसलिए महत्त्वपूर्ण है कि उस एकाकिनी के लिए यहाँ कोई सहायिका मिल गयी है। इसकी स्थिति विभीषण

जैसी है। कथावस्तु में मूल कथानक को जिस प्रकार विभीषण सहयोग देता है, उसी प्रकार कथा की नायिका सीता को त्रिजटा सहायता देती है। मानस का त्रिजटा सन्दर्भ वाल्मीकि रामायण जैसा ही है।

त्रिजटा सन बोलीं कर जोरी। मातु बिपति संगिनि तइँ मोरी॥
तजौं देह करु बेगि उपाई। दुसह बिरहु अब नहिं सहि जाई॥
आनि काठ रचु चिता बनाई। मातु अनल पुनि देहि लगाई॥
सत्य करहि मम प्रीति सयानी। सुनइ को स्त्रवन सूल सम बानी॥
सुनत बचन पद गहि समुझाएसि। प्रभु प्रताप बल सुजस सुनाएसि॥
निसि न अनल मिल सुनु सुकुमारी। अस कहि सो निज भवन सिधारी॥
कह सीता बिधि भा प्रतिकूला। मिलिहि न पावक मिटिहि न सूला॥
देखिअत प्रगट गगन अंगारा। अवनि न आवत एकौ तारा॥
पावक मय ससि स्त्रवत न आगी। मानहुँ मोहि जानि हतभागी॥
सुनहि बिनय मम बिटप असोका। सत्य नाम करु हरु मम सोका॥
नूतन किसलय अनल समाना। देहि अगिनि तन करहि निदाना॥
देखि परम बिरहाकुल सीता। सो छन कपिहि कलप सम बीता॥

दो०— कपि करि हृदयँ बिचार दीन्हि मुद्रिका डारि तब।
जनु असोक अंगार दीन्ह हरषि उठि कर गहेउ॥ १२॥

अर्थ—सीता ने त्रिजटा से हाथ जोड़कर कहा कि हे माता! तू मेरे कष्ट की संगिनी है। कोई उपाय कर दे तो मैं शीघ्र ही इस देह को त्याग दूँ। यह असह्य विरह अब नहीं सहा जाता है।

लकड़ियाँ ले आकर चिता बनाकर सजा दे और पुनः उसमें आग लगा दे। रे चतुरे! तू मेरी प्रीति को सत्य कर दे। (रावण की) शूल की भाँति कष्टदायी वाणी कौन सुने?

सीता की वाणी सुनकर उसने चरणों को पकड़कर समझाया और प्रभु श्रीराम का प्रताप, बल एवं सुन्दर यश सुनाया। हे राजकुमारी सुनो! रात्रि में अग्नि नहीं मिल सकती और ऐसा कहकर वह घर चली गई।

सीता कहने लगी कि विधाता भी प्रतिकूल है क्योंकि न आग मिलेगी और न पीड़ा जायेगी। आकाश में अंगारे तो प्रकट दिखाई दे रहे हैं गर पृथ्वी पर एक भी तारा नहीं गिर रहा है।

अग्निमय (विरहिनियों के लिए दाहक) चन्द्रमा तो मुझे अत्यन्त हतभागिनी समझकर आग नहीं बरसा रहा है। हे अशोक वृक्ष! मेरी विनती सुनो और मेरे शोक का हरण करके अपने नाम की सार्थकता प्रदान करो।

तुम्हारे नये पत्ते किसलय के समान हैं, अग्नि प्रदान कर दे, रोग का निदान मत कर (अर्थात्, विरह समाप्त करके प्राणान्त कर दे, उसे आगे न बढ़ा)। सीता को

अत्यन्त विरह व्याकुल देखकर वह क्षण वानर हनुमान के लिए कल्प के समान व्यतीत हुआ।

तब हनुमान ने हृदय में विचार करके मुद्रिका डाल दी मानो अशोक वृक्ष ने अंगार डाल दिया हो (ऐसा समझकर) सीता ने हर्षित भाव से उठकर उसे हाथ में ले लिया॥ १२॥

टिप्पणी—मूल सन्दर्भ वियोग का है। त्रिजटा से सीता आत्मदाह के लिए अग्नि की याचना करती है और त्रिजटा बहाना बनाकर चल देती है। सीता अपनी असहाय अवस्था को चरम उत्कर्ष पर पहुँचा देती है—'मिलहिं न पावक मिटहिं न सूला' और फिर अग्नि याचना के सन्दर्भ में विरह के दाहक प्रसंगों की कल्पना करके परम्परित विरह वर्णन की काव्य रूढ़ि को कवि उसके शीर्ष पर पहुँचाने की कोशिश करता है। वाल्मीकि एवं अध्यात्म रामायणों में अपनी वेणी को डालों में बाँधकर आत्महत्या का विचार सीता में उत्पन्न होता है किन्तु मानस में उसके स्थान पर अग्नि प्रकरण की चर्चा है। अग्नि याचना में तत्पर सीता के आगे हनुमान द्वारा मुद्रिका गिराकर अग्नि के भ्रम से नाटकीयता उत्पन्न करा देना यह तुलसी की अपनी मौलिक दृष्टि है। 'जनु असोक अंगार, दीन्हि मुद्रिका डारि तब' यह प्रसंग नाट्यापह्नुति का है।

तब देखी मुद्रिका मनोहर। राम नाम अंकित अति सुंदर॥
चकित चितव मुदरी पहिचानी। हरष बिषाद हृदयँ अकुलानी॥
जीति को सकइ अजय रघुराई। माया तें असि रचि नहिं जाई॥
सीता मन बिचार कर नाना। मधुर बचन बोलेउ हनुमाना॥
रामचंद्र गुन बरनै लागा। सुनतहि सीता कर दुख भागा॥
लागीं सुनै स्त्रवन मन लाई। आदिहुँ ते सब कथा सुनाई॥
स्त्रवनामृत जेहिं कथा सुहाई। कही सो प्रगट होति किन भाई॥
तब हनुमंत निकट चलि गएऊ। फिरि बैठी मन बिसमय भएउ॥
राम दूत मैं मातु जानकी। सत्य सपथ करुनानिधान की॥
येह मुद्रिका मातु मैं आनी। दीन्हि राम तुम्ह कहँ सहिदानी॥
नर बानरहि संग कहु कैसें। कही कथा भइ संगति जैसें॥

दो०— कपि के बचन सप्रेम सुनि उपजा मन बिस्वास।
जाना मन क्रम बचन येह कृपासिंधु कर दास॥ १३॥

अर्थ—तब श्रीराम के नाम से अंकित उस मनोहारी, सुन्दर मुद्रिका को सीता ने देखी। मुद्रिका पहचान कर वह चकित भाव से देखने लगीं। हर्ष तथा विषाद (दोनों भावों से सम्पृक्त) होकर हृदय से व्याकुल हो उठीं।

श्रीराम अजेय हैं, उन्हें कौन जीत सकता है? माया से भी यह रची नहीं जा सकती! सीता मन-ही-मन नाना प्रकार के विचार कर ही रही थीं कि इसी समय हनुमान मधुर वाणी में बोले।

वह श्रीराम के गुणों का वर्णन करने लगे जिसे सुनकर सीता का दुःख भाग गया। वे कान से मन लगाकर सुनने लगीं और (और हनुमान ने) प्रारम्भ से लेकर समस्त कथा सुनाई।

जिसने कानों के लिए अमृत स्वरूप यह कथा सुनाई है, हे भाई! वह प्रकट क्यों नहीं होता? तब हनुमान उनके निकट चले गये। उन्हें देखकर सीता को आश्चर्य हुआ और मुँह फिरा कर बैठ गई।

हे माता जानकी! करुणानिधान श्रीराम की सत्य शपथ करके मैं कहता हूँ कि मैं श्रीराम का दूत हूँ। हे माता जी! यह मुद्रिका मैंने स्वयं ले आई है और श्रीराम ने आपके लिए पहचान चिह्न (सहिदानी) के रूप में इसे मुझे दी है।

सीता ने पूछा कि बतायें कि नर एवं वानर का साथ कैसे हुआ—जिस प्रकार से उनका साथ हुआ था, तब उन्होंने सारी कथा बता दी।

कपि हनुमान के प्रेम सहित वचनों को सुनकर सीता के मन में विश्वास उत्पन्न हुआ और यह समझा कि यह कृपासागर श्रीराम का मन, कर्म एवं वाणी से दास है॥ १३॥

टिप्पणी—प्राण त्याग की भावना मुद्रिका को देखते ही संशय तथा संदेह में बदल जाती है। इस उनके अन्तर्द्वन्द्वपूर्ण क्षण के बीच हनुमान का अवतरण सम्पूर्ण सन्दर्भ को नाटकीय बना देता है। कवि इस प्रकरण की कल्पना हनुमन्नाटक से प्रेरित होकर करता है। ऊपर से अँगूठी डालने का सन्दर्भ हनुमन्नाटक में है—

(मुद्रिका) दत्ता तेन त्वैव ता निजकरादालभ्य चालिंग्य च
प्रेम्श्रूणि ससर्ज सम्यग्मुदभूद् गात्रेषु रोमोद्‌गमः॥

(यह उनकी अँगूठी है, तुम्हारे लिए दी है, उनकी अँगूठी को हाथ से उठाकर, हृदय से लगाकर प्रेमाश्रु बहाने लगी, सात्त्विक भावोदय के कारण उस समय उनका अंग रोमांचित हो उठा।) वाल्मीकि तथा अध्यात्म रामायणों में यह अँगूठी प्रसंग में अन्त में आता है।

सम्पूर्ण कथा को अँगूठी प्रतीति चिह्न द्वारा नाटकीय बना देना तुलसी की मौलिकता कल्पना-शक्ति का प्रमाण है।

हरिजन जानि प्रीति अति बाढ़ी। सजल नयन पुलकावलि बाढ़ी॥
बूड़त बिरह जलधि हनुमाना। भएहु तात मो कहुँ जलजाना॥
अब कहु कुसल जाउँ बलिहारी। अनुज सहित सुखभवन खरारी॥
कोमल चित कृपालु रघुराई। कपि केहि हेतु धरी निठुराई॥

सहज बानि सेवक सुख दायक। कबहुँक सुरति करत रघुनायक॥
कबहुँ नयन मम सीतल ताता। होइहहिं निरखि स्याम मृदु गाता॥
बचनु न आव नयन भरे बारी। अहह नाथ हौं निपट बिसारी॥
देखि परम बिरहाकुल सीता। बोला कपि मृदु बचन बिनीता॥
मातु कुसल प्रभु अनुज समेता। तव दुख दुखी सुकृपानिकेता॥
जनि जननी मानहु जियँ ऊना। तुम्ह तें प्रेम राम के दूना॥

दो०— रघुपति कर संदेसु अब सुनु जननी धरि धीर।
अस कहि कपि गदगद भएउ भरे बिलोचन नीर॥ १४॥

अर्थ—प्रभु श्रीराम का दास जानकर प्रीति अत्यधिक गाढ़ी हो गई; नेत्र प्रेमाश्रु से परिपूर्ण हो गये और पुलकभाव बढ़ गया। हे हनुमान! विरहरूपी समुद्र में डूबते हुए मुझ (सीता के लिए) आप जलयान हो गये।

मैं बलि जाती हूँ, अब कुशल बतायें, खर के हन्ता एवं आनन्दधाम श्रीराम क्या कुशलपूर्वक हैं? हे कपि हनुमान! श्रीराम तो कोमल हृदय हैं और अब उन्होंने क्यों निष्ठुरता धारण की है!

सेवक को सहज सुख देना जिनकी स्वाभाविक बान है, ऐसे श्रीराम क्या कभी स्मरण करते हैं? हे तात! प्रभु के कोमल श्यामल शरीर को देखकर कभी क्या मेरे नेत्र शीतल होंगे?

सीता के मुख से वाणी नहीं निकलती, नेत्र अश्रुपूरित हो उठे, हे नाथ! आपने पूरी तरह से (निपट) मुझे भुला दिया। सीता को परम विरह में व्याकुल देखकर कपि अत्यन्त विनीत वाणी में बोला।

हे माता! प्रभु अनुज लक्ष्मण के साथ कुशलपूर्वक हैं किन्तु सुन्दर कृपा के धाम श्रीराम आपके वियोग दु:ख से दुखी हैं। हे माता! आप अपना मन छोटा (ऊर्ण=ऊन-कम) न करिये। श्रीराम में (आपके लिए) आपसे दूना प्रेम है।

हे माता! अब धैर्य धारण करके श्रीराम के सन्देश को सुनें—ऐसा कहकर कपि हनुमान गदगद हो उठे और आँखों में प्रेमाश्रु भर आये॥ १४॥

टिप्पणी—वियोग काल में सन्देश वाहक दूत से विरह सन्देश प्रेषण की परम्परा भारतीय कविता में प्राचीन काल से मिलती है। वाल्मीकि रामायण का यह प्रसंग अधिक भावात्मक नहीं हो पाया है। तुलसी यहाँ विरह की सम्पूर्ण सम्भावनाओं का भावात्मक निवेश करते हैं। सीता का विरहिणी के रूप में अपनी मनोव्यथा कहना और हनुमान का दूत के रूप में उनकी व्यथा के निवारण के लिए उपयुक्त संवेदना एवं सहानुभूति से समन्वित सान्त्वना देना, दोनों सन्दर्भों के क्रम अपने उच्च शीर्ष पर यहाँ दिखाई पड़ते हैं।

कहेउ राम बियोग तव सीता। मो कहुँ सकल भए बिपरीता॥
नव तरु किसलय मनहुँ कृसानू। कालनिसा सम निसि ससि भानू॥
कुबलय बिपिन कुंत बन सरिसा। बारिद तपत तेल जनु बरिसा॥
जे हित रहे करत तेइ पीरा। उरग स्वास सम त्रिबिध समीरा॥
कहेहू तें कछु दुख घटि होई। काहि कहौं येह जान न कोई॥
तत्त्व प्रेम कर मम अरु तोरा। जानत प्रिया एकु मनु मोरा॥
सो मनु सदा रहत तोहि पाहीं। जानु प्रीति रसु एतनेहिं माहीं॥
प्रभु संदेसु सुनत बैदेही। मगन प्रेम तन सुधि नहिं तेही॥
कह कपि हृदयँ धीर धरु माता। सुमिरु राम सेवक सुखदाता॥
उर आनहु रघुपति प्रभुताई। सुनि मम बचन तजहु कदराई॥

दो०— निसिचर निकर पतंग सम रघुपति बान कृसानु।
जननी हृदयँ धीर धरु जरे निसाचर जानु॥ १५॥

अर्थ—(हनुमान ने कहा कि) श्रीराम ने कहा है कि हे सीते! तुम्हारे वियोग में सभी (अनुकूल आनन्द प्रदान करने वाले) विपरीत हो गये हैं। वृक्षों के नये किसलय मानो अग्नि हों, रात्रि काल रात्रि के सदृश एवं चन्द्रमा सूर्य के समान (हो गया है)।

कमल के वन भाले (कुन्त) के सदृश हैं। मेघ मानो तपते हुए तेज की वर्षा करते हैं, त्रिविध वायु सर्प श्वास के सदृश (विषैली) है और अब जो हितैषी थे, वही पीड़ा देने लगे हैं।

कहने से दुःख घट जाता है किन्तु किससे कहूँ, यह कोई जानता नहीं। हे प्रिये! मेरे तथा तुम्हारे प्रेम तत्त्व का रहस्य केवल एक मेरा मन ही जानता है।

वह मन सदैव तुम्हारे ही पास रहता है, हे सीते! प्रेम का सार तत्त्व बस इतने से ही समझ लो। प्रभु के सन्देश को सुनकर सीता प्रेम में मग्न हो गईं। उन्हें शरीर की सुधि नहीं रही।

कपि हनुमान ने कहा, हे माता! हृदय में धैर्य धारण करो और भक्तों को सुख प्रदान करने वाले श्रीराम का स्मरण करो। मेरे बातों को सुनकर कायरता (कदराई) छोड़ दो और हृदय में श्रीराम की प्रभुता का स्मरण करो।

श्रीराम के बाण अग्नि के सदृश हैं और राक्षसों के समूह पतिंगे के सदृश। हे माता! आप हृदय में धारण करते हुए (यह) समझें कि राक्षस जल गये हैं॥ १५॥

टिप्पमी—विरहिणी सीता को सान्त्वना देने के निमित्त हनुमान श्रीराम की वियोग दशा का चित्रण करते हैं। नायक की इस वियोग पीड़ा में तुलसी का अपनापन झलकता है। हनुमन्नाटक में विरह के उपकरण एवं सन्दर्भ सीता के पक्ष के हैं किन्तु तुलसी उन्हें श्रीराम के साथ जोडकर कहते हैं—

चन्द्रो यत्र दिनेश दीधिति समः पद्मं स्फुलिंगो समं।
कर्पूरः कुलिसोपमः शशिकला शम्पासमा भासते॥

इस समय चन्द्रमा सूर्य रश्मियों के सदृश, कमल अग्निकणों के समान, कपूर वज्र के समान, चन्द्रकला बिजली के समान प्रतीत हो रही है।

श्रीराम की वियोग पीड़ा है, सन्देशवाहक दूत कवीश्वर-कपीश्वर हनुमान हैं, सीता को सान्त्वना दी जा रही है—तुलसी इन सम्पूर्ण सन्दर्भों की जिम्मेदारी समझते हुए बड़ी सावधानी से यह प्रसंग प्रस्तुत करते हैं।

जौं रघुबीर होति सुधि पाई। करते नहिं बिलंबु रघुराई॥
राम बान रबि उएँ जानकी। तम बरूथ कहँ जातुधान की॥
अबहिं मातु मैं जाउँ लवाई। प्रभु आयसु नहिं राम दोहाई॥
कछुक दिवस जननी धरु धीरा। कपिन्ह सहित अइहहिं रघुबीरा॥
निसिचर मारि तोहि लै जइहहिं। तिहुँ पुर नारदादि जसु गइहहिं॥
हैं सुत कपि सब तुम्हहिं समाना। जातुधान अति भट बलवाना॥
मोरें हृदयँ परम संदेहा। सुनि कपि प्रगट कीन्हि निज देहा॥
कनक भूधराकार सरीरा। समर भयंकर अति बलबीरा॥
सीता मन भरोस तब भयेऊ। पुनि लघु रूप पवनसुत लयेऊ॥

दो०— सुनु माता साखामृग नहिं बल बुद्धि बिसाल।
प्रभु प्रताप तें गरुड़हि खाइ परम लघु ब्याल॥ १६॥

अर्थ—यदि श्रीराम को (आपका) समाचार (ज्ञात) होता तो रघुश्रेष्ठ विलम्ब न करते। हे सीता जी! श्रीराम के बाणों के उदय होते ही राक्षसों के सेनारूपी अंधकार कहाँ शेष (रहेंगे)।

हे माता! मैं आपको अभी लिवा जाऊँ, मैं दुहाई देकर कहता हूँ, श्रीराम की (इसके लिए) आज्ञा नहीं है। हे माता! कुछ दिनों तक और धैर्य रखें—श्रीराम यहाँ वानरों के साथ आयेंगे।

राक्षसों का वध करके तुझे ले जाएँगे। नारदादि (ऋषि) तीनों लोकों (उनका) यश गायेंगे। हे पुत्र! क्या सभी वानर तुम्हारे ही सदृश (लघुकाय) हैं? राक्षसों के योद्धा तो बड़े ही शक्तिशाली हैं।

मेरे हृदय में परम संदेह है, इसे सुनकर, कपि हनुमान ने अपनी देह-प्रकट की जो सुमेरु (कनक भूधराकार) पर्वत के आकार सदृश शरीर तथा युद्ध में भयंकर एवं शक्ति में शौर्य (बीरा) सम्पन्न।

तब सीता के मन में भरोसा हुआ और हनुमान ने पुनः लघु स्वरूप धारण कर लिया।

हे माता! सुनें, बन्दरों (शाखामृग) में बहुत बल बुद्धि नहीं है किन्तु प्रभु श्रीराम के प्रताप से अत्यन्त छोटा सर्प भी गरुण को खा सकता है॥ १६॥

टिप्पणी—श्रीराम के विरह के पश्चात् सीता को सान्त्वना देने के लिए कवि परम्परानुक्रम में श्रीराम एवं उनके सहयोगी वानरों के पराक्रम का वर्णन हनुमान के मुख से कराता है। कवि इस प्रसंग में पुन: नाटकीय भंगिमाएँ अवतरित करता है। हनुमान के लघु रूप को सीता देखकर संदेह करती हैं कि क्या सभी कपि तुम्हारे ही सदृश हैं, इसके उत्तर में वे अपना ऐश्वर्य रूप प्रदर्शित करते हैं। इस पूरे सन्दर्भ में कवि का मन्तव्य अपने आराध्य हनुमान का ऐश्वर्यरूप बिम्बित करना है—

'कनक भूधराकार सरीरा। समर भयंकर अति बलबीरा॥'

कनकभूभ्रर आकृति मूलत: सुमेरु पर्वत का सादृश्य है। जाम्बवान् द्वारा प्रेरित किये जाने पर भी हनुमान अपना ऐश्वर्यपूर्ण देह विग्रह प्रकट करते हैं।

यह प्रसंग मूलत: अध्यात्म रामायण का है, जहाँ सीता के आग्रह पर हनुमान अपना विशाल ऐश्वर्य से परिपूर्ण दिव्य स्वरूप प्रगट करते हैं—

मेरुमन्दर संकाशं रक्षोगण विभीषणम्।
दृष्ट्वा सीता हनुमन्तं महापर्वत सन्निधम्॥

इस स्वरूप धारण का उद्देश्य सीता के हृदय में अपने कथनों के प्रति विश्वसनीयता उत्पन्न करना है।

मन संतोष सुनत कपि बानी। भगति प्रताप तेज बल सानी॥
आसिष दीन्हि राम प्रिय जाना। होहु तात बल सील निधाना॥
अजर अमर गुननिधि सुत होहू। करहुँ बहुत रघुनायक छोहू॥
करहुँ कृपा प्रभु अस सुनि काना। निर्भर प्रेम मगन हनुमाना॥
बार बार नायेसि पद सीसा। बोला बचन जोरि कर कीसा॥
अब कृतकृत्य भयेउँ मैं माता। आसिष तव अमोघ बिख्याता॥
सुनहु मातु मोहि अतिसय भूखा। लागि देखि सुंदर फल रूखा॥
सुनु सुत करहिं बिपिन रखवारी। परम सुभट रजनीचर भारी॥
तिन्ह कर भय माता मोहि नाहीं। जौं तुम्ह सुख मानहु मन माहीं॥

दो०— देखि बुद्धि बल निपुन कपि कहेउ जानकीं जाहु।
रघुपति चरन हृदयँ धरि तात मधुर फल खाहु॥ १७॥

अर्थ—भक्ति, प्रताप, तेज एवं बल से सनी हुई कपि हनुमान की वाणी सुनकर तथा श्रीराम का (उन्हें) प्रिय जानकर आशीर्वाद दिया (और कहा) कि हे पुत्र! तुम बल एवं शील के भंडार बनो।

हे पुत्र! तुम अजर, अमर एवं गुणों के भंडार बनो। श्रीराम तुम पर बहुत आत्मीयतापूर्वक प्रेम करें। प्रभु कृपा करें, कान से ऐसा सुनकर हनुमान पूर्ण प्रेम में मग्न हो गये।

हनुमान ने बार-बार (सीता के) चरणों में सिर झुकाया और हाथ जोड़कर वह बोले, हे माता! अब मैं कृतकृत्य हो उठा—यह विख्यात् (तथ्य) है कि आपका आशीर्वाद अमोघ है।

हे माता! सुनें, वृक्षों पर सुन्दर फलों का देखकर मुझे अत्यधिक भूख लग आई है। हे पुत्र! सुनो, भारी (मात्रा में) अत्यधिक योद्धा राक्षस वाटिका की रखवाली कर रहे हैं।

हनुमान ने उत्तर दिया, हे माता! यदि आप मन में सुख मानें तो मुझे उनका भय नहीं है।

कपि हनुमान को बुद्धि तथा बल में निपुण देखकर सीता ने कहा कि श्रीराम को हृदय में धारण करके हे पुत्र! मधुर फलों को खाओ॥ १७॥

टिप्पणी—दौत्य कर्म के द्वारा सम्पूर्ण कार्य करके रावण को श्रीराम की शक्ति का ज्ञान कराने के लिए कविगण सुंदरकांड की इस उत्तरार्ध कथा को आगे बढ़ाते हैं। हनुमान फल खाने के बहाने से बलात् रावण की शक्ति को परखने का कार्य करते हैं। यह फल खाना तो एक बहाना मात्र है। वाल्मीकि रामायण में इस सन्दर्भ में स्पष्ट टिप्पणी अंकित है—

कार्यार्थमागतो दूतः स्वामिकार्याविरोधतः॥
अत्यत्किंचिद् सम्पाद्य गच्छत्यधम एव सः॥

'जो दूत अपने स्वामी के कार्य के लिए आकर उसमें किसी प्रकार का विघ्नन करने वाला कोई और कार्य न करके यों ही चला जाता है, वह अधम ही है।'

हनुमान इस प्रकार राक्षसवध एवं लंका दहन की भूमिका बाँधते हैं।

चलेउ नाइ सिरु पैठेउ बागा। फल खाएसि तरु तोरैं लागा॥
रहे तहाँ बहु भट रखवारे। कछु मारेसि कछु जाइ पुकारे॥
नाथ एक आवा कपि भारी। तेहिं असोक बाटिका उजारी॥
खायेसि फल अरु बिटप उपारे। रच्छक मर्दि मर्दि महि डारे॥
सुनि रावन पठये भट नाना। तिन्हहि देखि गर्जेउ हनुमाना॥
सब रजनीचर कपि संघारे। गए पुकारत कछु अधमारे॥
पुनि पठयेउ तेहिं अक्ष कुमारा। चला संग लै सुभट अपारा॥
आवत देखि बिटप गहि तर्जा। ताहि निपाति महाधुनि गर्जा॥

दो०— कछु मारेसि कछु मर्देसि कछु मिलयेसि धरि धूरि।
कछु पुनि जाइ पुकारे प्रभु मर्कट बल भूरि॥ १८॥

अर्थ— वे (हनुमान) सीता को सिर झुका कर चले और वाटिका में घुसे। फल खाया तथा वृक्षों को तोड़ने लगे। वहाँ बहुत से योद्धा रखवाले थे। (उनमें से) कुछ को मार डाला और कुछ ने जाकर रावण से पुकार की।

हे नाथ! एक विशाल वानर आया हुआ है और उसने वाटिका उजाड़ डाली है। उसने (न केवल) फल खाये हैं अपितु वृक्षों को भी उखाड़ डाला है और वन रक्षकों को तो मसल-मसल कर जमीन पर डाल दिया है।

यह सुनकर रावण ने बहुत से योद्धा भेजे! उन्हें देखकर हनुमान ने गर्जना की। कपि हनुमान ने सम्पूर्ण राक्षसों का संहार कर डाला और जो कुछ अधमरे थे, वे पुकारते हुए गये।

उसने पुनः अक्षय कुमार को भेजा। वह असंख्य श्रेष्ठ योद्धाओं को साथ लेकर चला। उसे आते देखकर (हनुमान ने) एक वृक्ष लेकर ललकारा (तर्जा) और उसका वध करके महाध्वनि से गर्जना की।

कुछ को मारा, कुछ का मर्दन कर डाला और कुछ को धूलि में मिला दिया। कुछ ने पुनः जाकर पुकार की कि हे स्वामी! बन्दर अत्यधिक शक्तिशाली है॥ १८॥

टिप्पणी—हनुमान कुछ और करने की प्रेरणा से न केवल वाटिका का फल ही खाते हैं, उसे उजाड़ते हैं, रखवालों को मारते हैं, साथ ही, साथ ही आगे के लिए चुनौती भी देते हैं।

सुनि सुत बध लंकेस रिसाना। पठयेसि मेघनाद बलवाना॥
मारेसि जनि सुत बाँधेसु ताही। देखिअ कपिहि कहाँ कर आही॥
चला इंद्रजित अतुलित जोधा। बंधु निधन सुनि उपजा क्रोधा॥
कपि देखा दारुन भट आवा। कटकटाइ गर्जा अरु धावा॥
अति बिसाल तरु एक उपारा। बिरथ कीन्ह लंकेस कुमारा॥
रहे महा भट ताकें संगा। गहि गहि कपि मर्दइ निज अंगा॥
तिन्हहि निपाति ताहि सन बाजा। भिरे जुगल मानहुँ गजराजा॥
मुठिका मारि चढ़ा तरु जाई। ताहि येक छन मुरुछा आई॥
उठि बहोरि कीन्हिसि बहु माया। जीति न जाइ प्रभंजन जाया॥

दो०— ब्रह्म अस्त्र तेहिं साधा कपि मन कीन्ह बिचार।
जौं न ब्रह्म सर मानौं महिमा मिटइ अपार॥ १९॥

अर्थ—पुत्र का वध सुनकर रावण नाराज हो उठा और उसने बलशाली मेघनाद को भेजा। हे पुत्र! मारना नहीं, उसे बाँध लाना। देखा जाये कि वह वानर कहाँ का है।

अतुलनीय इन्द्र को जीतने वाला पराक्रमी योद्धा चल पड़ा और भाई का निधन सुनकर उसे क्रोध उत्पन्न हुआ। कवि हनुमान ने देखा कि भयंकर योद्धा आया है, तब उन्होंने कटकटाकर गर्जना की और दौड़ पड़े।

एक विशाल वृक्ष को उन्होंने उखाड़ लिया और (उसके प्रहार से) लंकेश रावण के पुत्र को रथविहीन कर दिया। उसके साथ जितने भी योद्धा थे, उनको पकड़-पकड़ कर अपने शरीर से मर्दन करने लगा।

उन सबको मारकर फिर (वे) मेघनाथ से लड़ने लगे (बजे) मानो दो गजराज भिड़ गये हों। हनुमान मुष्टिका से प्रहार करके एक पेड़ पर जा चढ़े और उसे (मेघनाद को) क्षण के लिए मूर्च्छा-सी आ गई।

(मूर्च्छा से) उठ करके उसने बहुत-सी माया की किन्तु वायुपुत्र हनुमान उससे जीते नहीं जा सके।

अन्त में, उसने ब्रह्मास्त्र साधा तब कपि हनुमान ने मन में विचार किया कि यदि मैं ब्रह्मास्त्र नहीं मानता तो उसका अनन्त माहात्म्य समाप्त हो जायेगा॥ १॥

टिप्पणी—रावण के पुत्र अक्षय कुमार के वध के पश्चात् मेघनाद हनुमान को पकड़ने के लिए आता है। दोनों का युद्ध भयानक है और अन्त में मेघनाथ हनुमान के ऊपर ब्रह्मास्त्र छोड़ता है। ब्रह्मा के वरदान से हनुमान ब्रह्मास्त्र से भी अबन्ध्य एवं अवध्य हैं—फिर भी लोक मर्यादा के निमित्त वे उसकी अवहेलना नहीं करते। हनुमान को स्मरण है कि ब्रह्मा ने उन्हें अस्त्र से अमोघ होने का आशीर्वचन दिया है। वाल्मीकि कहते हैं—

ततः स्वायम्भुवैर्मन्त्रै ब्रह्मास्त्रं चाभिमंत्रितम्।
हनुमानः चिन्तयामास वरदानं पितामहात्॥

×× ×× ××

इत्येव मेवं विहितोऽस्त्रबन्धो
मया ऽऽत्मयोनेरन्तुवर्त्तितव्यः॥

अर्थात्, मुझे भगवान ब्रह्मा के सम्मानार्थ इस अस्त्र बंधन का अनुसरण करना चाहिये। मानस में भी कवि यही कहता है—

'जौ न ब्रह्म सर मानों महिमा मिटै अपार'

यह सन्दर्भ तुलसी की लोकसंग्रह दृष्टि का दृष्टान्त है।

ब्रह्मबान कपि कहुँ तेहिं मारा। परतिहुँ बार कटकु संघारा॥
तेहिं देखा कपि मुरुछित भयेऊ। नागपास बाँधेसि लै गयेऊ॥
जासु नाम जपि सुनहु भवानी। भवबंधन काटहिं नर ग्यानी॥
तासु दूत कि बंध तर आवा। प्रभु कारज लगि कपिहिं बँधावा॥

कपि बंधन सुनि निसिचर धाये। कौतुक लागि सभाँ सब आये॥
दसमुख सभा दीखि कपि जाई। कहि न जाइ कछु अति प्रभुताई॥
कर जोरें सुर दिसिप बिनीता। भृकुटि बिलोकत सकल सभीता॥
देखि प्रताप न कपि मन संका। जिमि अहिगन महुँ गरुड़ असंका॥

दो०— कपिहि बिलोकि दसानन बिहँसा कहि दुर्बाद।
सुत बध सुरति कीन्हि पुनि उपजा हृदयँ बिषाद॥ २०॥

अर्थ—उसने कपि हनुमान को ब्रह्म बाण मारा और गिरते समय उसने राक्षस सेना का विनाश किया। उसने देखा कि कपि मूर्च्छित हो उठा है तब वह उनको नागपाश में लेकर चला।

हे पार्वती सुनें! जिसके नाम को सुनकर ज्ञानी जन भवसागर के बन्धन काट डालते हैं क्या उसका दूत कभी बन्धन के दबाव (बंधतर) में आ सकता है! प्रभु के कार्य के लिए हनुमान ने स्वयं अपने को बँधा लिया।

बन्दर के बन्धन को सुनकर राक्षस दौड़ पड़े और तमाशा देखने के लिए (कौतुक लागि) सभी सभा में आये। कपि हनुमान ने जाकर रावण की सभा देखी और उसकी अत्यधिक प्रभुता का वर्णन किया नहीं जा सकता।

हाथ जोड़े हुए देवता तथा दिक्पाल विनीतभाव से सभी भययुक्त रावण की भृकुटि देख रहे थे। उसके प्रताप को देखकर कपि हनुमान के मन में लेश मात्र भी संशय (भय) नहीं हुआ जैसे सर्पों के बीच में गरुड़ निःशंक हो।

बन्दर को देखकर रावण दुर्वचन (दुर्बाद)कहता हुआ जोर से हँसा और पुनः पुत्र के वध का (जब) स्मरण किया तो हृदय में विषाद उत्पन्न हुआ ॥ २०॥

टिप्पणी—रावण के दरबार में हनुमान का ले जाया जाना मूलतः नायक एवं प्रतिनायक सम्बन्धी कथाओं का प्रथम साक्षात्कार है। इस प्रथम साक्षात्कार के सन्दर्भ में नायक के बल, वीर्य, शक्ति, यश, पराक्रम, तेज आदि का आभास दिया जाना परम्परित काव्य वर्णन परिपाटी के अनुरूप है। वाल्मीकि रामायण इस सन्दर्भ का प्रथम दृष्टान्त है। तुलसी भी इस प्रसंग का उपयोग इसी सन्दर्भ के लिए करते हैं।

कह लंकेस कवन तइँ कीसा। केहि के बल घालेसि बन खीसा॥
की धौं श्रवन सुनेहि नहिं मोही। देखौं अति असंक सठ तोही॥
मारे निसिचर केहिं अपराधा। कहु सठ तोहि न प्रान कै बाधा॥
सुनु रावन ब्रह्मांड निकाया। पाइ जासु बल बिरचति माया॥
जाकें बल बिरंचि हरि ईसा। पालत सृजत हरत दससीसा॥
जा बल सीस धरत सहसानन! अंडकोस समेत गिरि कानन॥

धरइ जो बिबिध देह सुरत्राता। तुम्ह से सठन्ह सिखावनु दाता॥
हर कोदंड कठिन जेहिं भंजा। तोहि समेत नृप दल मद गंजा॥
खर दूषन त्रिसिरा अरु बाली। बधे सकल अतुलित बलसाली॥

दो०— जा के बल लवलेस तें जितेहु चराचर झारि।
तासु दूत मैं जा करि हरि आनेहु प्रिय नारि॥ २१॥

अर्थ—रावण ने पूछा, '' हे वानर, तू कौन है? किसके बल पर तूने वाटिका को उजाड़कर (खीसा) नष्ट कर दिया (घालेसि)। क्या तूने कभी मेरे विषय में कानों से नहीं सुना है? रे शठ! (मै) तुझे अत्यधिक नि:शङ्क देख रहा हूँ।

तूने किस अपराध में राक्षसों को मारा है? रे मूर्ख! बताओ, क्या तुझे प्राणों का भय नहीं है। हे रावण! सुनो, जिसका बल पाकर माया समस्त ब्रह्मांड की रचना करती है।

हे रावण! जिसके बल से ब्रह्मा, विष्णु एवं शिव पालन सृजन एवं संहार करते हैं। जिसके बल का आधार पाकर सहस्त्र मुख वाले शेषनाग सम्पूर्ण पर्वतों एवं वनों सहित समस्त ब्रह्मांड को जो धारण करते हैं।

तुम जैसे शठों को शिक्षा देने के लिए एवं देवताओं की रक्षा के निमित्त जो नाना प्रकार की (लीला) देह धारण करते हैं, जिन्होंने शिव के धनुष को तोड़ डाला और उसी के साथ राजाओं के समूह का गर्व भी चूर्ण कर डाला था।

खर-दूषण, त्रिशिरा एवं बालि को मार डाला, जो सब-के-सब अतुलनीय बलवान थे।

जिनके लेशमात्र बल से तुमने समस्त सचराचर जगत् को जीत लिया है तथा जिसकी प्रिय पत्नी का तुम हरण कर लाये हो—मैं उन्हीं का दूत हूँ॥ २१॥॥

टिप्पणी—रावण तथा हनुमान के बीच परस्पर नाटकीय कथोपकन है। संवाद शैली की रोचकता का विन्यास इस कथोपकथन का लक्ष्य है। तुलसी पूरी तरह से संवाद शैली का इस कथोपकथन के सन्दर्भ में निर्वाह करते हैं। रावण का प्रश्न और हनुमान के उत्तर दोनों क्रमबद्ध रूप से आमने-सामने हैं। सामान्य परिचयात्मकता के बाद लाक्षणिक कथनों की चमत्कारपूर्ण अन्विति सर्वत्र द्रष्टव्य है। यह प्रसंग हनुमन्नाटक तथा वाल्मीकि रामायण से प्रभावित है।

जानौं मैं तुम्हारि प्रभुताई। सहसबाहु सन परी लराई॥
समर बालि सन करि जसु पावा। सुनि कपि बचन बिहँसि बहरावा॥
खायेउँ फल प्रभु लागी भूखा। कपि सुभाव ते तोरेउँ रूखा॥
सब के देह परम प्रिय स्वामी। मारहिं मोहि कुमारगगामी॥
जिन्ह मोहि मारा ते मैं मारे। तेहिं पर बाँधेउ तनयँ तुम्हारे॥

मोहि न कछु बाँधे कइ लाजा। कीन्ह चहौं निज प्रभु कर काजा॥
बिनती करौं जोरि कर रावन। सुनहु मान तजि मोर सिखावन॥
देखहु तुम्ह निज कुलहि बिचारी। भ्रम तजि भजहु भगत भयहारी॥
जा के डर अति काल डेराई। जो सुर असुर चराचर खाई॥
ता सों बयरु कबहुँ नहिं कीजै। मोरें कहे जानकी दीजै॥

दो०— प्रनतपाल रघुनायक करुनासिंधु खरारि।
गएँ सरन प्रभु राखिहैं तव अपराध बिसारि॥ २२॥

अर्थ—मैं तुम्हारी प्रभुता को जानता हूँ, सहस्रबाहु से तुम्हारी लड़ाई छिड़ी थी (परी लराई)। बालि से युद्ध करने तुमने यश प्राप्त किया। कपि हनुमान के वचनों को सुनकर उसने हँसी में बात टाल दी (बिहरावा)।

हे राक्षसों के स्वामी! भूख लगी हुई थी (इसलिए) फल खाये और वानर स्वभाववशात् पेड़ भी तोड़े। हे राक्षसराज! सभी को देह परम प्रिय है और (तब) अन्यायी (कुमार्गगामी) राक्षस मुझे मारने लगे।

जिन्होंने मुझे मारा उन्हें मैंने मारा. इस पर तुम्हारे पुत्र ने मुझे बाँध लिया किन्तु मुझे बाँधे जाने की कोई लज्जा नहीं है क्योंकि मैं तो अपने प्रभु का कार्य करना चाहता हूँ।

हे रावण! मैं हाथ जोड़ कर विनय करता हूँ कि तुम अभिमान छोड़कर मेरी सीख सुनो। अपने कुल पर तो जरा विचार करके देखो। भक्तों के भयहारी श्रीराम का भय त्याग कर भजन करो।

देवता, असुर एवं सचराचर का भक्षण करता है, वह काल देवता भी जिनके डर से अत्यधिक भयभीत रहता है। उनसे वैरभाव कदापि न करो और मेरे कहने से उन्हें सीता दे दो।

शरणागतों के रक्षक, करुणा के सागर, खर नामक राक्षस के शत्रु श्रीराम की शरण में जाने पर सम्पूर्ण अपराधों को भूलकर तुम्हारी रक्षा करेंगे॥ २२॥

टिप्पणी—हनुमान द्वारा रावण को भाँति-भाँति से समझाने का उपक्रम यहाँ वर्तमान है। तुलसी की रचना का यह स्वभाव है कि श्रीराम के द्रोही को बिना किसी दुराव, शिष्टाचार एवं शालीनता के धिक्कारते हैं। यहाँ हनुमान द्वारा समझाये जाने में यही प्रवृत्ति लक्षित हो रही है।

राम चरन पंकज उर धरहू। लंका अचल राजु तुम्ह करहू॥
रिषि पुलस्ति जसु बिमल मयंका। तेहि ससि महुँ जनि होहु कलंका॥
राम नाम बिनु गिरा न सोहा। देखु बिचारि त्यागि मद मोहा॥
बसनहीन नहिं सोह सुरारी। सब भूषन भूषित बर नारी॥

राम बिमुख संपति प्रभुताई। जाइ रही पाई बिनु पाई॥
सजल मूल जिन्ह सरितन्ह नाहीं। बरषि गएँ पुनि तबहिं सुखाहीं॥
सुनु दसकंठ कहौं पन रोपी। बिमुख राम त्राता नहिं कोपी॥
संकर सहस बिष्नु अज तोही। सकहिं न राखि राम कर द्रोही॥

दो०— मोह मूल बहु सूलप्रद त्यागहु तम अभिमान।
भजहु राम रघुनायक कृपासिंधु भगवान॥ २३॥

अर्थ—श्री श्रीराम के चरण-कमलों को हृदय में धारण करो और लंका पर निश्चल राज्य करो। (तुम्हारे पूर्वज) ऋषि पुलस्त्य का यश निर्मल चन्द्र की भाँति है और उस चन्द्र में तुम कलंक न बनो।

श्रीराम शब्द के बिना वाणी भी शोभा नहीं प्राप्त करती, अभिमान तथा मोह का त्याग करके इसे विचारपूर्वक देखो। इन्द्र भी वस्त्रविहीन (नङ्गा) नहीं शोभित होते। सभी भूषणों से अलंकृत सुन्दर युवती भी (वस्त्रविहीन नहीं शोभित होती)।

श्रीराम से विमुख (पराङ्मुख) पुरुष की प्राप्त की हुई सम्पत्ति एवं प्रभुता भी अप्राप्त की भाँति चली जाती है। जिन नदियों में जलयुक्त मूल स्रोत नहीं हैं, वर्षा हो जाने के बाद ही वे सूख जाती हैं।

हे रावण! मैं अपनी प्रतिज्ञा रोपकर (संकल्प करके) कह रहा हूँ कि श्रीराम-विमुख का कोई रक्षक नहीं है। हजारों शिव, ब्रह्मा एवं विष्णु श्रीराम के साथ द्रोह करने वाले तुम्हारी रक्षा नहीं कर सकेंगे।

(हे रावण!) अंधकार रूप (उस) अभिमान का त्याग कर दो जो मोहमूलक एवं कष्टदायी है तथा (उसे त्यागकर) कृपा के सागर, रघुकुल के स्वामी भगवान् श्रीराम का भजन करो॥ २३॥

टिप्पणी—इन पंक्तियों में भी पूर्ववत् ही हनुमान रावण को समझाते हैं। समझाने की प्रवृत्ति भी पूर्ववत् ही है। वाल्मीकि रामायण में समझाने के सन्दर्भ में शिष्टाचार मिलता है किन्तु परस्त्री का अपहरण जैसा गर्हित कार्य के लिए हनुमान उसे उसी तरह से निन्दनीय बताते हैं, जैसे मानस में। अध्यात्म रामायण और मानस के इस प्रकरण में पर्याप्त समानताएँ देखी जाती हैं।

जदपि कही कपि अति हित बानी। भगति बिबेक बिरति नय सानी॥
बोला बिहँसि महा अभिमानी। मिला हमहिं कपि गुर बड़ ग्यानी॥
मृत्यु निकट आई खल तोही। लागेसि अधम सिखावन मोही॥
उलटा होइहि कह हनुमाना। मतिभ्रम तोर प्रगट मैं जाना॥
सुनि कपि बचन बहुत खिसियाना। बेगि न हरहु मूढ़ कर प्राना॥
सुनत निसाचर मारन धाये। सचिवन्ह सहित बिभीषन आये॥

नाइ सीस करि बिनय बहूता। नीति बिरोध न मारिअ दूता॥
आन दंड कछु करिअ गोसाईं। सबहीं कहा मंत्र भल भाई॥
सुनत बिहँसि बोला दसकंधर। अंग भंग करि पठइअ बंदर॥

दो०— कपि के ममता पूँछ पर सबहिं कह्यौ समुझाइ।
तेल बोरि पट बाँधि पुनि पावक देहु लगाइ॥ २४॥

अर्थ—यद्यपि कपि हनुमान ने अत्यधिक हितैषिता से परिपूर्ण, भक्ति, विवेक, वैराग्य एवं नीतियुक्त वाणी (उससे) कही फिर भी, वह महा अभिमानी (रावण) हँस कर बोला कि हमे बड़ा ज्ञानी कपि गुरु मिला है।

रे दुष्ट! तुम्हारी मृत्यु निकट आ गई है (इसी कारण वश) तू मुझे शिक्षा देने चला है। हनुमान ने उत्तर दिया कि यह प्रतिकूल भाव से (घटित होगा) (अर्थात्, तुम्हारी ही मृत्यु निकट आई है) मैंने प्रत्यक्षतः जान लिया है कि तुझे मतिभ्रम है।

कवि के वचनों को सुनकर वह बहुत क्रुद्ध हुआ और बोला कि इस मूढ़ के प्राण शीघ्र ही क्यों नहीं हरण कर लेते। इतना सुनते ही राक्षस मारने दौड़े ठीक उसी समय मंत्रियों के साथ विभीषण आ गये।

सिर नवाकर तथा अनेक भाँति से विनय करके (कहा कि) यह नीति विरुद्ध है, दूत को मारना नहीं चाहिए। हे स्वामी! इसके लिए अन्य दण्डविधान करणीय है। सभी ने कहा, हे भाई यह तुम्हारी मंत्रणा (सलाह) ठीक है।

इसे सुनकर रावण हँस कर बोला कि बन्दर को अंगभंग करके भेज दिया जाये।

मैं सभी को समझाकर कहता हूँ कि बंदर की ममता पूँछ पर रहती है। अतः वस्त्र को तेल में डुबोकर और उसे पूँछ में बाँधकर पुनः (उसमें) आग लगा दो॥ २४॥

टिप्पणी—हनुमान के वचनों से क्रुद्ध रावण उन्हें मृत्यु दण्ड देना चाहता था किन्तु विभीषण के समझाने पर अंग भंग करके भेजने की योजना बनाता है। अंग भंग करने के निमित्त पूँछ में आग लगाने का सन्दर्भ है। वाल्मीकि रामायण में दूतों को दंडित करने के उपाय बताये गए हैं। वहाँ विभीषण रावण को समझाते हैं—

वैरुथमङ्गेषु कशाभिघातो
मौण्ड्यं तथा लक्षण सन्निपातः।
एतान् हि दूते प्रवदन्ति दण्डान्,
वधस्तु दूतस्य न नः श्रुतोऽस्ति॥

(किसी अंग को भंग कर देना, कोड़े से पिटवाना, सिर मुड़वा देना, तथा शरीर में कोई चिह्न दाग देना, ये ही दण्ड दूत के लिए उचित बताये गये हैं। उसके लिए वध का दण्ड तो मैंने कभी सुना ही नहीं है।)

पूँछहीन बानर तहँ जाइहि। तब सठ निज नाथहि लइ आइहि॥
जिन्ह कै कीन्हिसि बहुत बड़ाई। देखौं मैं तिन्ह कै प्रभुताई॥
बचन सुनत कपि मन मुसुकाना। भइ सहाय सारद मैं जाना॥
जातुधान सुनि रावन बचना। लागे रचैं मूढ़ सोइ रचना।।
रहा न नगर बसन घृत तेला। बाढ़ी पूँछ कीन्ह कपि खेला॥
कौतुक कहँ आए पुरबासी। मारहिं चरन करहिं बहु हाँसी॥
बाजहिं ढोल देहिं सब तारी। नगर फेरि पुनि पूँछ प्रजारी॥
पावक जरत देखि हनुमंता। भएउ परम लघु रूप तुरंता॥
निबुकि चढ़ेउ कपि कनक अटारी। भईं सभीत निसाचर नारीं॥

दो०— हरि प्रेरित तेहि अवसर चले मरुत उनचास।
अट्टहास करि गर्जा कपि बढ़ि लाग अकास॥ २५॥

अर्थ—बिना पूछ के कपि वहाँ जायेगा और तब यह शठ अपने उन स्वामी को लेकर आयेगा जिनकी इसने बड़ी प्रशंसा की है और मैं उनकी प्रभुता को देखूँगा।

(उसकी) वाणी सुनकर कपि हनुमान मन ही मन मुस्कराये और मन में ही बोले कि मैं समझ गयां कि सरस्वती सहायक हुई है। राक्षसों ने रावण की आज्ञा (वचन) सुनकर वे मूर्ख उसी प्रकार की रचना रचने लगे।

कपि हनुमान ने ऐसा कौतुक किया कि पूँछ (इतनी) बढ़ी कि नगर भर में वस्त्र, घी तथा तेल नहीं बच रहा। सम्पूर्ण नगरवासी तमाशा देखने के लिए आये तथा पद प्रहार करके नाना प्रकार का उपहास करने लगे।

ढोल बज रहे हैं और सभी ताली बजा रहे हैं। नगर भर में उन्हें घुमाया गया और फिर पूँछ (आग से) प्रज्वलित कर दी गई। आग जलती देखकर तुरन्त ही हनुमान अत्यन्त लघु रूप के बन गये।

बन्धन से अपने को निकाल कर (निबुकना) के तुरन्त-हनुमान सोने की अट्टालिकाओं (अटारी : कोठे आदि) पर चढ़ गये और उन्हें देखकर निशाचरपत्नियाँ भयभीत हो उठीं।

उसी समय श्री हरि की प्रेरणा पाकर उनचासों प्रकार के पवन चलने लगे। कपि हनुमान अट्टहास करके गर्जे और बढ़कर आकाश से जाकर लग गये॥ २५॥

टिप्पणी—दण्ड विधान तथा उसके पीछे छिपे दण्ड देने वाले के मन्तव्य को इंगित करना और दण्ड के कार्यान्वयन का सन्दर्भ यहाँ वर्णित है। हनुमान की पूँछ में आग लगाने की योजना का खिलवाड़ चित्रित है जो आगे गम्भीर रूप धारण करके परिस्थिति को भयावह एवं त्रासद बना देता है। हनुमान के रौद्र रूप की पृष्ठभूमि यहाँ अंकित है। उनका यह स्वरूप उनके रुद्रावतार की सूचना देता है।

देह बिसाल परम हरुआई। मंदिर तें मंदिर चढ़ धाई॥
जरइ नगर भा लोग बिहाला। झपट लपट बहु कोटि कराला॥
तात मातु हा सुनिअ पुकारा। येहि अवसर को हमहि उबारा॥
हम जो कहा येह कपि नहिं होई। बानर रूप धरें सुर कोई॥
साधु अवग्या कर फल ऐसा। जरइ नगर अनाथ कर जैसा॥
जारा नगरु निमिष एक माहीं। एक बिभीषन कर गृह नाहीं॥
ताकर दूत अनल जेहिं सिरजा। जरा न सो तेहि कारन गिरिजा॥
उलटि पलटि लंका सब जारी। कूदि परा पुनि सिंधु मझारी॥

दो०— पूँछ बुझाइ खोइ स्रम धरि लघु रूप बहोरि।
जनकसुता के आगें। ठाढ़ भएउ कर जोरि॥ २६॥

अर्थ—अत्यन्त हल्की (हरुवाई) एवं विशाल देह हो गई और वे एक महल से दूसरे महल तक चले जा रहे हैं। नगर जल रहा है, लोग व्याकुल (बिहाला) हैं। अनेक अनन्त-कोटि-कोटि भयंकर लपटें झपटीं।

हा तात! हा मात! इस अवसर पर हमें कौन बचाये—आदि पुकारें सुनाई पड़ने लगीं। हमने तो कहा ही था कि वह वानर नहीं है, किसी देवता ने ही वानर रूप धारण कर रखा है।

साधु के अपमान का यह फल है कि नगर अनाथ के नगर की भाँति जल रहा है। पलक निमेष (तक के समय में ही) हनुमान ने लंका जला दी और केवल एक विभीषण का ही घर बच रहा।

हे पार्वती! वह (हनुमान) इसलिए उस आग से नहीं जले क्योंकि वे उनके दूत थे—जिन्होंने स्वयं अग्नि का सृजन किया है। कपि हनुमान ने उलट-पलट कर लंका जला डाली और तत्पश्चात् वे समुद्र में कूद पड़े।

पूँछ बुझाकर और श्रम का परिहार करके और पुनः लघु रूप धारण करके हाथ जोड़कर जनकपुत्री सीता के समक्ष खड़े हो गये॥ २६॥

टिप्पणी—हनुमान अपने रौद्ररूप में सम्पूर्ण लंका नगरी को ध्वस्त करके अपने दौत्य कर्म का निर्वाह करते हुए सम्पूर्ण लंकावासियों में भविष्य के प्रति भय उत्पन्न करते हैं। लंकादहन के पश्चात् हनुमान आज्ञा के निमित्त सीता के समक्ष पुनः जाते हैं। हनुमान का यह कृत्य जहाँ रावण पक्ष के लिए आतंक का कारण बनता है, वहीं सीता के लिए सान्त्वना का हेतु है।

मातु मोहि दीजै कछु चीन्हा। जैसे रघुनायक मोहि दीन्हा॥
चूड़ामनि उतारि तब दयेऊ। हरष समेत पवनसुत लयेऊ॥
कहेउ तात अस मोर प्रनामा। सब प्रकार प्रभु पूरन कामा॥

दीन दयालु बिरिदु संभारी। हरहु नाथ मम संकट भारी॥
तात सक्रसुत कथा सुनायेहु। बान प्रताप प्रभुहि समुझायेहु॥
मास दिवस महुँ नाथु न आवा। तौ पुनि मोहि जिअत नहिं पावा॥
कहु कपि केहि बिधि राखौं प्राना। तुम्हहूँ तात चहत अब जाना॥
तोहि देखि सीतल भइ छाती। पुनि मो कहुँ सो दिनु सो राती॥

दो०— जनकसुतहि समुझाइ करि बहु बिधि धीरजु दीन्ह।
चरन कमल सिरु नाइ कपि गवनु राम पहिं कीन्ह॥ २७॥

अर्थ—हे माता! जिस प्रकार श्रीराम ने मुझे कोई स्मृति चिह्न दिया था उसी प्रकार आप भी मुझे कुछ (स्मृति चिह्न) दें। तब सीता ने चूड़ामणि उतार कर दे दिया और वायुपुत्र हनुमान ने उसे हर्षपूर्वक ले लिया।

(सीता ने कहा) हे तात! मेरा प्रणाम (उन्हें) निवेदित करके इस प्रकार कहना कि हे प्रभु! आप सभी प्रकार से पूर्ण काम हैं। हे दीनों के प्रति अकारण दया दिखाने वाले! अपना विरद (बाने) सम्हालें और (इसलिए) मेरे गम्भीर संकट को दूर करें।

हे तात! उन्हें तुम इन्द्रपुत्र जयन्त की कथा सुनाना और प्रभु श्रीराम को (उनके) बाण के प्रताप को समझाना (याद दिलाना)। यदि मास पर्यन्त तक नाथ नहीं आते तो मुझे पुनः (उसके बाद) जीवित नहीं प्राप्त करेंगे।

हे कपि हनुमान! आप ही बतायें, किस प्रकार प्राणों की रक्षा करूँ। हे तात! तुम भी अब जाना चाह रहे हो। तुम्हे देखकर मेरा हृदय (थोड़ा) शीतल था किन्तु पुनः मेरे लिए वही (विरह युक्त) दिन और रातें (हो उठीं)।

जनकपुत्री सीता को धैर्य प्रदान करके बहुत भाँति समझाया और तब उनके चरण-कमलों में सिर नवाकर कपि हनुमान ने श्रीराम के पास गमन किया॥ २७॥

टिप्पणी—श्रीराम ने स्मृति चिह्न के रूप में मुद्रिका दी थी। सीता से भी कपि स्मृति चिह्न की याचना करता है। सीता अपने बालों में स्थित चूड़ामणि को निकाल कर दे देती हैं। भारतीय काव्य परम्परा में अपनी किसी आत्मिक प्रिय घटना का स्मरण दौत्य कर्म की सत्य निष्ठा के लिए कराया जाता रहा है। यहाँ सीता 'जयन्त प्रसंग' की स्मृति कराने के लिए हनुमान को कहती हैं। यह जयन्त प्रसंग केवल श्रीराम तथा सीता के बीच की घटना है। इस स्मृति कथा का उल्लेख वाल्मीकि, अध्यात्म, हनुमन्नाटक आदि सभी में वर्तमान है। कवि भी इसी का उपयोग करता है। हनुमन्नाटक में तीन 'अभिज्ञान' है किन्तु मानस में दो ही अभिज्ञानों का सन्दर्भ है।

चलत महा धुनि गर्जेसि भारी। गर्भ स्त्रवहिं सुनि निसिचर नारी॥
नाघि सिंधु येहि पारहि आवा। सबद किलकिला कपिन्ह सुनावा॥

हरषे सब बिलोकि हनुमाना। नूतन जनम कपिन्ह तब जाना॥
मुख प्रसन्न तन तेज बिराजा। कीन्हेसि रामचंद्र कर काजा॥
मिले सकल अति भए सुखारी। तलफत मीन पाव जनु बारी॥
चले हरिष रघुनायक पासा। पूँछत कहत नवल इतिहासा॥
तब मधुबन भीतर सब आये। अंगद संमत मधुफल खाये॥
रखवारे जब बरजन लागे। मुष्टि प्रहार हनत सब भागे॥

दो०— जाइ पुकारे ते सब बन उजार जुबराज।
सुनि सुग्रीव हरष कपि करि आये प्रभु काज॥ २८॥

अर्थ—चलते समय भंयकर ध्वनि में गर्जना की जिसे सुनकर राक्षस-पत्नियों के गर्भपात होने लगे। समुद्र नाघकर इस पार आये और उन्होंने कपियों को हर्षभरी किलकारी (किल किला) सुनायी।

हनुमान को देखकर कपिगण हर्षित हो उठे और तब उन्होंने अपना नया जन्म समझा। (हनुमान का) मुख प्रसन्न है तथा उनके शरीर पर तेज विराजमान है। (सभी ने इसी लक्षण से) समझ लिया कि श्रीराम का कार्य (पूरा) कर लिया है।

सभी मिलकर अत्यन्त प्रसन्न हुए मानो तड़पते हुए मत्स्य ने जल प्राप्त कर लिया हो। वे सभी नये नये इतिहास पूछते और कहते हुए हर्षित भाव से श्रीराम के पास चले।

तब सभी ने मधुवन के अन्दर आकर अंगद की आज्ञा से मीठे फलों को खाया। रखवाले जब (उन्हें) रोकने लगे तब घूँसों की मार करते ही सब (रखवाले) भाग चले।

उन सब ने जाकर पुकार की कि युवराज बन उजाड़ रहे हैं, तब उसे सुनकर सुग्रीव हर्षित हुए कि वानरगण श्रीराम के कार्य को पूरा करके आ गये हैं॥ २८॥

टिप्पणी—हनुमान समान रूप से अपने कृत्यों द्वारा एक ओर राक्षस समुदाय में भय एवं दूसरी ओर वानर समुदाय में आनन्द उत्पन्न करते हैं। सम्पूर्ण घटना व्यापार बड़ी ही त्वरा से आगे बढ़ता है। सभी वानर हनुमान के साथ किष्किंधा पहुँच जाते हैं।

जौं न होति सीता सुधि पाई। मधुबन के फल सकहिं कि खाई॥
येहि बिधि मन विचार कर राजा। आइ गए कपि सहित समाजा॥
आइ सबन्हि नावा पद सीसा। मिलेउ सबन्हि अति प्रेम कपीसा॥
पूछी कुसल कुसल पद देखी। राम कृपाँ भा काजु बिसेषी॥
नाथ काजु कीन्हेउ हनुमाना। राखे सकल कपिन्ह के प्राना॥
सुनि सुग्रीव बहुरि तेहि मिलेऊ। कपिन्ह सहित रघुपति पहिं चलेऊ॥

राम कपिन्ह जब आवत देखा। कियें काजु मन हरष बिसेषा॥
फटिक सिला बैठे द्वौ भाई। परे सकल कपि चरनन्हि जाई॥

दो०— प्रीति सहित सब भेंटे रघुपति करुनापुंज।
पूँछी कुसल नाथ अब कुसल देखि पद कंज॥ २९॥

अर्थ—यदि सीता का समाचार (सुधि) न पाये होते तो वे मधुबन के फल नहीं खा सकते थे। इस प्रकार, सुग्रीव मन में विचार कर रहे थे कि सम्पूर्ण दल सहितं बानर आ गये।

सभी ने जाकर उनके चरणों पर शीश झुकाया और सुग्रीव सभी से अत्यन्त प्रेमपूर्वक मिले। उन्होंने कुशल पूछी (सभी ने उत्तर दिया कि) आपके चरणों के दर्शन से सब कुशल है और श्रीराम की कृपा से समस्त कार्य पूरा हो गया।

हे नाथ! हनुमान ने ही सम्पूर्ण कार्य किया और सभी वानरों के प्राण बचा लिये। यह सुनकर, सुग्रीव पुनः हनुमान से मिले और वानरों के साथ श्रीराम के पास गये।

श्रीराम ने जब वानरों को आते देखा—कार्य हो चुका है (ऐसा अनुमान करके) उन्हें विशेष हर्ष हुआ। स्फटिक शिला पर दोनों भाई बैठे थे। सम्पूर्ण वानर उनके चरणों पर जाकर पड़े। (आदरभाव से चरण स्पर्श किया)।

करुणा की राशि श्रीराम प्रीतिपूर्वक सभी को गले लगाकर भेंटे और कुशल-क्षेम पूछा (जिसे सुनकरसभी वानरों) ने कहा—हे नाथ! अब आपके चरण-कमलों को देखकर ही कुशल है॥ २९॥

टिप्पणी—वानरों का मधुवन के फलों को बिना अनुमति के खाना तथा रखवालों के वर्जित करने पर उन्हें दण्डित करना—ये दो ऐसे कारण हैं, जिनकी सूचना पाकर सुग्रीव प्रसन्न हो उठते हैं कि श्रीराम का कार्य सम्पादित हो उठा है और फिर सभी को लेकर श्रीराम के पास पहुँचे। ये कथा के आगामी विकास के लिए त्वरापूर्ण भंगिमाएँ हैं। प्रवर्षण गिरि पर स्थित श्रीराम-लक्ष्मण के पास वानर सुग्रीव के साथ पहुँचते हैं।

जामवंत कह सुनु रघुराया। जापर नाथ करहु तुम्ह दाया॥
ताहि सदा सुभ कुसल निरंतर। सुर नर मुनि प्रसन्न ता ऊपर॥
सोइ बिजई बिनई गुन सागर। तासु सुजसु त्रैलोक उजागर॥
प्रभु की कृपा भयेउ सबु काजू। जन्म हमार सुफल भा आजू॥
नाथ पवनसुत कीन्हि जो करनी। सहसहु मुख न जाइ सो बरनी॥
पवनतनय के चरित सुहाए। जामवंत रघुपतिहि सुनाए॥
सुनत कृपानिधि मन अति भाए। पुनि हनुमान हरषि हियँ लाए॥
कहहु तात केहि भाँति जानकी। रहति करति रच्छा स्वप्रान की॥

दो०— नाम पाहरू राति दिनु ध्यान तुम्हार कपाट।
लोचन निज पद जंत्रित जाहिं प्रान केहिं बाट॥ ३०॥

अर्थ—जाम्वान् ने बताया कि हे श्रीराम! सुनें, जिस पर आप दया करें उसके लिए सदा कल्याण एवं कुशल है और देवता, मनुष्य, मुनिगण सभी उस पर प्रसन्न हैं।

वही विनयशील, विजयी एवं गुणों का समुद्र है और त्रैलोक्य में उसी का ही यश प्रकाशित है, प्रभु श्रीराम की कृपा से ही सम्पूर्ण कार्य सम्पन्न हो गया और आज हम सबका जन्म (लेना) सफल हो गया।

हे नाथ! वायुपुत्र हनुमान ने जो अद्‌भुत कार्य (करनी) किया है, वह सहस्रों मुखों से भी वर्णित नहीं किया जा सकता। वायु पुत्र के सुन्दरचरित्र को जाम्बवान् ने श्रीराम को सुनाया।

सुनने पर यह (कथा) कृपानिधान श्रीराम को अच्छी लगी और उन्होंने पुनः हनुमान को हृदय से लगा लिया। हे तात! बताओ, सीता किस प्रकार अपने प्राणों की रक्षा करती है।

आपका नाम रात दिन का पहरेदार है, आपका ध्यान किवाड़े हैं, नेत्र ही अपने पदों से यंत्रित करनेवाला है, फिर भला प्राण किस रास्ते से जा सकता है?

टिप्पणी—कार्य सम्पादित होने की सूचना कवि अपनी प्रकृति के अनुसार ही देता है। 'प्रभु की कृपा भयेउ सब काजू' वाक्य द्वारा तुलसी स्वयं प्रभु को ही समस्त कार्य सम्पादन का श्रेय देते हैं। जाम्बवान् के इस कथन में वाग्चातुर्य एवं शिष्टाचार तो है ही, श्रीराम के महत्त्व का प्रतिपादन भी मिलता है। योजना साङ्गरूपक अलंकार की है।

चलत मोहि चूड़ामनि दीन्ही। रघुपति हृदयँ लाइ सोइ लीन्ही॥
नाथ जुगल लोचन भरि बारी। बचन कहे कछु जनककुमारी॥
अनुज समेत गहेहु प्रभु चरना। दीनबंधु प्रनतारति हरना॥
मन क्रम बचन चरन अनुरागी। केहिं अपराध नाथ हौं त्यागी॥
अवगुन एक मोर मैं जाना। बिछुरत प्रान न कीन्ह पयाना॥
नाथ सो नयनन्हि कर अपराधा। निसरत प्रान करहिं हठि बाधा॥
बिरह अगिनि तनु तूल समीरा। स्वास जरइ छन माहिं सरीरा॥
नयन स्त्रवहिं जलु निज हित लागी। जरइ न पाव देह बिरहागी॥
सीता कै अति बिपति बिसाला। बिनहिं कहें भलि दीनदयाला॥

दो०— निमिष निमिष करुनानिधि जाहिं कलप सम बीति।
बेगि चलिअ प्रभु आनिअ भुज बल खल दल जीति॥ ३१॥

अर्थ—चलते समय उन्होंने चूड़ामणि दी है, श्रीराम ने उसे हृदय से लगा लिया। (हनुमान ने पुनः कहा) कि हे नाथ! दोनों नेत्रों में जल भर कर सीता ने कुछ संदेश कहे हैं।

छोटे भाई लक्ष्मण सहित प्रभु के चरणों को पकड़ना और कहना कि हे दीनबन्धु! एवं शरणागत जनों की पीड़ा को हरण करने वाले मैं मन, कर्म एवं वाणी से आपकी दासी हूँ। किस अपराधवश नाथ ने मुझे त्याग दिया है।

मैं स्वीकार करती हूँ कि मुझ में एक ही अवगुण है। वह यह कि आप से विरहित होते समय मेरे प्राण क्यों नहीं चले गये। हे नाथ! यह तो नेत्रों का अपराध है जो प्राणों से निकलने में हठपूर्वक बाधा उत्पन्न करते हैं।

विरह अग्नि है, शरीर रूई है, श्वास वायु है, यह शरीर क्षण मात्र में जल जाता किन्तु नेत्र (अपने दर्शनजन्य सुख की आकांक्षा में) जल बहाते रहते हैं, इसलिए विरह की अग्नि में यह (शरीर) जलने नहीं पाती।

सीता की विपत्ति अत्यधिक विशाल है। हे दीनदयालु! वह बिना कहे ही, भली है (कहने में अति कष्टदायिनी है)।

हे करुणानिधान! उनका एक-एक पल कल्प के सदृश व्यतीत हो रहा है तथा हे प्रभु! आप शीघ्र चलें और अपनी भुजाओं की शक्ति से दुष्टों का दलन करके, उन्हें ले आइए॥ ३१॥

टिप्पणी—सीता ने हनुमान को 'अभिज्ञान' दिया था, प्रथम चूड़ामणि तथा द्वितीय 'जयन्त की कथा का स्मरण कराना।' तुलसी केवल चूड़ामणि देते हैं और 'बचन कहे कहु जनक कुमारी' शब्दों में प्रसंग को विरह वेदना के वर्णन की ओर उन्मुख करते हैं। 'जयन्त' का प्रसंग वे छोड़ देते हैं। शायद श्रीराम का गोपनीय प्रसंग कहना तुलसी या हनुमान के लिए मानस में सम्भव नहीं था किन्तु हनुमन्नाटक में तीनों अभिज्ञानों का उल्लेख है। वाल्मीकि इस प्रसंग की चर्चा करते हैं—

मोघमस्त्रं न शक्यं तु कर्त्तमित्येव राघव।
भवांस्तस्याक्षि काकयस्य हिनस्ति स्म स दक्षिणम्॥

'अध्यात्म रामायण' में भी काक प्रसंग का अभिज्ञान संदर्भ है—

'दत्वा काकेन यद्वृत्तं चित्रकूट गिरौ पुरा।'

तुलसी अपने आराध्य श्रीराम और जगज्जननी जानकी के इस अत्यन्त गोपनीय प्रसंग को छिपा जाते हैं। रूपक एवं पर्यायोक्ति की व्यंजनाएँ महत्त्वपूर्ण हैं।

सुनि सीता दुख प्रभु सुख अयना। भरि आये जल राजिव नयना॥
बचन काय मन मम गति जाही। सपनेहुँ बूझिअ बिपति कि ताही॥
कह हनुमंत बिपति प्रभु सोई। जब तव सुमिरन भजन न होई॥

केतिक बात प्रभु जातुधान की। रिपुहि जीति आनिबी जानकी॥
सुनु कपि तोहि समान उपकारी। नहिं कोउ सुर नर मुनि तनुधारी॥
प्रति उपकार करौं का तोरा। सनमुख होइ न सकत मन मोरा॥
सुनु सुत तोहि उरिन मैं नाहीं। देखेउँ कर बिचारि मन माहीं॥
पुनि पुनि कपिहि चितव सुरत्राता। लोचन नीर पुलक अति गाता॥

दो०— सुनि प्रभु बचन बिलोकि मुख गात हरषि हनुमंत।
चरन परेउ प्रेमाकुल त्राहि त्राहि भगवंत॥ ३२॥

अर्थ—सुख के धाम श्रीराम के कमलवत् नेत्र सीता के दुःख को सुनकर अश्रुजल से भर आये। मन, वाणी एवं शरीर से जिसे मेरा ही आश्रय (विश्वास या भरोसा) है, उसके लिए क्या स्वप्न में भी विपत्ति कही जा सकती है।

हनुमान ने कहा कि प्रभु! विपत्ति तो तभी है, जब आपका स्मरण एवं भजन न हो। हे प्रभु! राक्षसों की बात कितनी? शत्रु को जीतकर आप सीता को ले आएँगे।

हे कपि हनुमान! सुनो, तुम्हारे समान (मेरा) उपकार करने वाला कोई देवता, मनुष्य, ऋषि एवं शरीरधारी नहीं है। इस उपकार के बदले मैं तुम्हारा क्या उपकार (प्रति उपकार) करूँ? मेरा मन भी तुम्हारे सामने नहीं हो सकता।

मन में विचार करके देख लिया है कि हे पुत्र! मैं तुझसे ऋणमुक्त नहीं हो सकता। देवताओं के रक्षक प्रभु श्रीराम पुनः-पुनः कपि हनुमान को देख रहे हैं— नेत्रों में प्रेमाश्रु है, शरीर अत्यन्त पुलकित।

प्रभु श्रीराम के वचनों को सुनकर तथा उनके (भाव विह्वल) शरीर एवं मुख को देखकर हनुमान हर्षित और प्रेम से विह्वल—हे भगवान्! मेरी रक्षा करो, मेरी रक्षा करो, कहते हुए उनके चरणों पर गिर पड़े।

टिप्पणी—यहाँ हनुमान के प्रति श्रीराम का कृतज्ञता भाव वर्णित है। वाल्मीकि रामायण में हनुमान के उपकार से कृतज्ञ श्रीराम अपने पास कोई वस्तु उपहार देने के लिए न देखकर कहते हैं कि मैं हनुमान को उपहार के रूप में प्रगाढ़ आलिंगन दूँगा और ऐसा कहकर—

इत्युक्त्वा प्रीतिहृष्टांगो रामस्तं परिषजस्वे।
हनुमन्त कृतात्मानं कृतकार्यमुपागतम्॥

ऐसा कहकर श्रीराम के अंग प्रत्यंग प्रेम से पुलकित हो उठे और अपनी आज्ञा के पालन में सफलता पाकर लौटे हुए पवित्रात्मा हनुमान को हृदय से लगा लिया।

तुलसी इस सम्पूर्ण प्रकरण को भक्ति में बदल देते हैं। 'प्रति उपकार करौं का तोरा' जैसी श्रीराम की वाणी सुनकर हनुमान श्रीराम के चरणों में गिर कर पद विलुंठित हो उठते हैं—

'चरन परेउ प्रेमाकुल त्राहि त्राहि भगवंत'

यह प्रेम यहाँ सेवक-स्वामि भाव मूलक भक्ति की सर्वोत्कृष्टता के रूप में चित्रित है।

बार बार प्रभु चहैं उठावा। प्रेम मगन तेहि उठब न भावा॥
प्रभु कर पंकज कपि कें सीसा। सुमिरि सो दसा मगन गौरीसा॥
सावधान मन करि पुनि संकर। लागे कहन कथा अति सुंदर॥
कपि उठाइ प्रभु हृदयँ लगावा। कर गहि परम निकट बैठावा॥
कहु कपि रावन पालित लंका। केहि बिधि दहेहु दुर्ग अति बंका॥
प्रभु प्रसन्न जाना हनुमाना। बोला बचन बिगत अभिमाना॥
साखामृग कै बड़ि मनुसाई। साखा ते साखा पर जाई॥
नाँघि सिंधु हाटकपुर जारा। निसिचर गन बधि बिपिन उजारा॥
सो सब तव प्रताप रघुराई। नाथ न कछू मोरि प्रभुताई॥

दो०— ता कहुँ प्रभु कछु अगम नहिं जा पर तुम्ह अनुकूल।
तव प्रभाव बड़वानलहि जारि सकइ खलु तूल॥ ३३॥

अर्थ—प्रभु श्रीराम बार-बार उठाना चाहते हैं किन्तु परन्तु प्रेम से डूबे उन्हें उठना अच्छा नहीं लगता। प्रभु के कर कमल हनुमान के शीश पर हैं, उस दशा का स्मरण करके शिव प्रेम मग्न हो उठे।

पुनः अपने मन को सचेत (सावधान) करके शिव अत्यन्त सुन्दर कथा कहने लगे। कपि हनुमान को उठाकर उन्होंने हृदय से लगा लिया और हाथ पकड़ कर (उन्हें) अत्यन्त समीप बैठा लिया।

हे कपि हनुमान! बताओ, रावण द्वारा रक्षित (पालित) इस लंका को और उसके विलक्षण (बाँके-बंकिम) दुर्गों को किस प्रकार जलाया। हनुमान प्रभु श्रीराम को प्रसन्न जानकर अभिमान-शून्य वाणी बोले।

शाखामृग (बन्दर) का सबसे बड़ा यही पुरुषार्थ है कि एक शाखा से दूसरी शाखा पर जाता रहता है। मैंने सिंधु को लाँघ करके सोने की लंका जलाई और राक्षसों का वध करके वाटिका उजाड़ डाली।

हे श्रीराम! यह सब आपका ही प्रताप था। हे नाथ! इसमें मेरी कोई प्रभुता नहीं है।

हे प्रभु! जिस पर आप अनुकूल हों, उसके लिए कोई भी (कार्य) दुर्गम नहीं है। आपके प्रभाव से निश्चय ही बड़वाग्नि को रूई भी जला सकती है॥ ३३॥

टिप्पणी—तुलसी सदैव भक्ति के लिए आह्लादकारी अवसर मानस में खोजते रहते हैं। हनुमान का प्रगाढ़ चरण आलिंगन और स्नेह से श्रीराम का उनके सिर को सहलाना-प्रेम एवं आत्मीय संसक्ति की पराकाष्ठा है—

प्रभु कर पंकज कपि कें सीसा। सुमिरि सो दसा मगन गौरीसा॥
सावधान करि मन पुनि संकर। लागे कहन कथा अति सुंदर॥

इस प्रकरण के बिम्बात्मक चित्रण में कथा के वक्ता शिव का मन भी स्खलित हो उठता है। संसक्ति की उत्कटता के दो कारण हैं—प्रथम, स्वयं शिव कथा-वक्ता का उस रचनाभूमि में भोक्ता सहृदय के रूप में प्रवेश कर जाना या द्वितीय एकादश रुद्रावतार शिव के स्वयं के विगत अनुभव की स्मृति प्रतीति। हनुमान को शिव का एकादश अवतार बताया गया है। कुल मिलाकर, यह समस्त प्रसंग भक्ति एवं रचनात्मक रसावेग की दृष्टि से उत्कृष्टतम है।

'साखामृग कै बड़ि मनुसाई। साखा ते साखा पर जाई॥'

यह उक्ति हनुमन्नाटक से रूपान्तरित है—

शाखामृगस्य शाखायाः शाखां गन्तुं पराक्रमः।
यत्पुर्नलंघितोम्मोधिः प्रभावोऽयं प्रभो तव॥

नाथ भगति अति सुखदायनी। देहु कृपा करि अनपायनी॥
सुनि प्रभु परम सरल कपि बानी। एवमस्तु तब कहेउ भवानी॥
उमा राम सुभाउ जेहिं जाना। ताहि भजनु तजि भाव न आना॥
येह संबाद जासु उर आवा। रघुपति चरन भगति सोइ पावा॥
सुनि प्रभु बचन कहहिं कपिबृंदा। जय जय जय कृपाल सुखकंदा॥
तब रघुपति कपिपतिहि बोलावा। कहा चलइ कर करहु बनावा॥
अब बिलंबु केहि कारन कीजै। तुरत कपिन्ह कहुँ आयेसु दीजै॥
कौतुक देखि सुमन बहु बरषी। नभ तें भवन चले सुर हरषी॥

दो०— कपिपति बेगि बोलाए आए जूथप जूथ।
नाना बरन अतुल बल बानर भालु बरूथ॥ ३४॥

अर्थ—हे नाथ! अत्यन्त आनन्द देने वाली अपनी अनपायिनी भक्ति कृपा करके दीजिए। हे पार्वती! प्रभु श्रीराम कपि हनुमान की अत्यन्त सरल वाणी सुनकर बोले, एवमस्तु (ऐसा ही हो)।

हे पार्वती! जिसने श्रीराम का स्वभाव समझ लिया है, उसमें (उनका) भजन छोड़कर अन्य कोई भाव नहीं उपजता। यह संवाद (कथा प्रसंग) जिसके हृदय में आ गया, उसने श्रीराम के चरणों में भक्ति प्राप्त कर ली।

प्रभु श्रीराम के वचनों को सुनकर वानर समूह—कहते हैं, कृपालु आनन्दकन्द की जय हो-जय हो। तब श्रीराम ने सुग्रीव को बुलाया और कहा कि चलने की व्यवस्था (बनावा) करो।

अब किस कारण विलम्ब किया जाये और वानरों को तुरन्त आज्ञा दें। यह लीला (कौतुक) देखकर देवतागण अत्यधिक हर्षित हुए और पुष्प वर्षा करते हुए आकाश से अपने-अपने लोक (भवन) को चल पड़े।

वानरों के स्वामी सुग्रीव ने सभी को बुलाया और तब वे समूह के समूह (सेना के) आ गये। वानर तथा भालुओं के वे (यूथप) नाना वर्णों तथा अतुलनीय बलों वाले हैं॥ ३४॥

टिप्पणी—भक्ति के प्रसंग का समापन करते हुए अन्ततया युद्ध प्रयाण का सन्दर्भ प्रारम्भ होता है। युद्ध प्रयाण के पूर्व सैन्य निरीक्षण एवं तैयारी का प्रकरण यहाँ निर्दिष्ट है। श्रीराम इसी सन्दर्भ में वानरों को युद्ध प्रयाण की तैयारी के निमित्त बुलाते हैं।

प्रभु पद पंकज नावहिं सीसा। गर्जहिं भालु महाबल कीसा॥
देखी राम सकल कपि सेना। चितइ कृपा करि राजिव नयना॥
राम कृपा बल पाइ कपिंदा। भए पच्छजुत मनहुँ गिरिंदा॥
हरषि राम तब कीन्ह पयाना। सगुन भए सुंदर सुभ नाना॥
जासु सकल मंगलमय कीती। तासु पयान सगुन येह नीती॥
प्रभु पयान जाना बैदेही। फरकि बाम अँग जनु कहि देही॥
जोइ जोइ सगुन जानकिहि होई। असगुन भयेउ रावनहिं सोई॥
चला कटकु को बरनइ पारा। गर्जहिं बानर भालु अपारा॥
नख आयुध गिरि पादप धारी। चले गगन महि इच्छाचारी॥
केहरि नाद भालु कपि करहीं। डगमगाहिं दिग्गज चिक्करहीं॥

अर्थ—प्रभु श्रीराम के चरण-कमलों में वे शीश झुकाते हैं और अत्यधिक बलपूर्वक वे वानर तथा भालु गर्जना करते हैं। कमलनयन श्रीराम ने अत्यधिक कृपा करते हुए सम्पूर्ण कपि सेना को देखा।

श्रीराम की कृपा का बल पाकर वे श्रेष्ठ वानर मानो पंख से संयुक्त श्रेष्ठ पर्वत हो गये। श्रीराम ने तब हर्षित भाव से प्रयाण किया तब नाना प्रकार के सुन्दर शकुन हुए।

जिसकी कीर्ति सम्पूर्ण मंगलों से परिपूर्ण है, उसके प्रस्थान में शकुन हो, यह केवल नीति (औपचारिकता) मात्र है।

सीता ने श्रीराम का प्रस्थान समझा मानो शरीर के बायें अंग फड़क कर (इसे) बता दे रहे हों। सीता के जो-जो शकुन हो रहे थे, वही-वही रावण के लिए अपशकुन हो रहे थे।

सेना चली, उसका वर्णन करने में कौन समर्थ हो सकता है (पारा)! अनन्त वानर तथा भालु गर्जना कर रहे हैं।

नख, गिरि तथा वृक्षों को (शस्त्र) के रूप में धारण करने वाले तथा इच्छानुसार चलने वाले (भालु तथा वानर) आकाश या पृथ्वी मार्ग से चल रहे हैं। वानर तथा भालुगण सिंहनाद कर रहे हैं, दिशाओं के हाथी विचलित होकर चिग्घाड़ रहे हैं।

टिप्पणी—सेना के प्रयाण का कवि चित्रण करता है और इस चित्रण में परम्परा के आधार पर शक्ति का आकलन आवश्यक बताया गया है। सैन्य शक्ति के आकलन के पश्चात् विजय की आकांक्षा और उसकी सम्भावना का ज्ञान होता है। विजय की इस सम्भावना को शकुन द्वारा व्यंजित कराया जा रहा है। सीता के शकुन एवं रावण के अपशकुन इसके प्रमाण हैं। वाल्मीकि रामायण में प्रस्थान के समय उत्तरा फाल्गुनी नक्षत्र एवं चन्द्रमा में हस्त नक्षत्र का योग बताया गया है। यही नहीं, वहाँ भी शुभ शकुनों की चर्चा की गई है। रण प्रयाण के समय शुभ लग्नों का होना आवश्यक बताया गया है।

छंद— **चिक्करहिं दिग्गज डोल महि गिरि लोल सागर खरभरे।**
मन हरष दिनकर सोम सुर मुनि नाग किंनर दुख टरे॥
कटकटहिं मर्कट बिकट भट बहु कोटि कोटिन्ह धावहीं।
जय राम प्रबल प्रताप कोसलनाथ गुन गन गावहीं॥
सहि सक न भार उदार अहिपति बार बारहिं मोहई।
गह दसन पुनि पुनि कमठ पृष्ट कठोर सो किमि सोहई॥
रघुबीर रुचिर पयान प्रस्थिति जानि परम सुहावनी।
जनु कमठ खर्पर सर्पराज सो लिखत अबिचल पावनी॥

दो०— **येहि बिधि जाइ कृपानिधि उतरे सागर तीर।**
जहँ तहँ लागे खान फल भालु बिपुल कपि बीर॥ ३५॥

अर्थ—दिग्गज चिंघाड़ कर रहे हैं। पृथ्वी डोल रही है, पर्वत चंचल हैं, समुद्र खलभला रहा है, सूर्य, चन्द्र, देवता, मुनि नाग, किन्नर मन-ही-मन हर्षित हैं कि हमारे संकट टल रहे हैं। वानरों के अनन्त विकट योद्धा कटकटा रहे हैं और वे करोड़ों (की संख्या में) दौड़ रहे हैं। कोशलनाथ श्रीराम के प्रबल प्रताप की जय हो—(इस प्रकार से) पुकारते हुए उनके गुण समूहों का गान कर रहे हैं।

सेना के प्रबल (उदार) भार को शेषनाग नहीं सह पा रहे हैं और वे बार-बार स्तम्भित (मोहई) हो रहे हैं। वे (उसी स्तम्भित होने की दशा में) कमठ की कठोर पीठ को दाँतों से पकड़े हुए इस प्रकार शोभित हो रहे हैं मानो श्रीराम की सेना का परम सुन्दर प्रस्थान एवं प्रयाण समझकर उसकी अमिट एवं पवित्र कथा को शेषनाग कछुए की पीठ (खर्पर) पर लिख रहे हैं।

इस प्रकार कृपा के सागर श्रीराम जाकर समुद्र के तट पर उतरे और असंख्य भालु एवं वानर योद्धा जहाँ-तहाँ फल खाने लगे॥ ३५॥

टिप्पणी—महाकाव्यों में 'रण-प्रयाण' का अतिशयोक्तिपूर्ण वर्णन आवश्यक बताया गया है। कवि उसी क्रम में यह वर्णन यहाँ प्रस्तुत करता है। वाल्मीकि ने इस रण प्रयाण का विस्तारपूर्वक वर्णन किया है। तुलसी भी रण-प्रयाण की परम्परा

के क्रम में ही अतिशयोक्ति पूर्ण शैली के माध्यम से यह वर्णन प्रस्तुत करते हैं। शेषनाग द्वारा महाकच्छप की कठोर पीठ पर सेना प्रस्थान की कथा का अंकन करना अत्युक्ति है। यह अत्युक्ति परम्परित वर्णन शैली का ही एक अंग है।

कवि इस सैन्य प्रस्थान के पश्चात् यहाँ किष्किंधा की घटना को कुछ देर के लिए रोककर पुनः सभी का ध्यान लंका प्रसंग की ओर आकर्षित करता है।

उहाँ निसाचर रहहिं ससंका। जब ते जारि गयेउ कपि लंका॥
निज निज गृहँ सब करहिं बिचारा। नहिं निसिचर कुल केर उबारा॥
जासु दूत बल बरनि न जाई। तेहि आयें पुर कवन भलाई॥
दूतिन्ह सन सुनि पुरजन बानी। मंदोदरी अधिक अकुलानी॥
रहसि जोरि कर पति पद लागी। बोली बचन नीति रस पागी॥
कंत करष हरि सन परिहरहू। मोर कहा अति हित हियँ धरहू॥
समुझत जासु दूत कइ करनी। स्त्रवहिं गर्भ रजनीचर घरनी॥
तासु नारि निज सचिव बोलाई। पठवहु कंत जो चहहु भलाई॥
तव कुल कमल बिपिन दुखदाई। सीता सीत निसा सम आई॥
सुनहु नाथ सीता बिनु दीन्हें। हित न तुम्हार संभु अज कीन्हें॥

दो०— राम बान अहिगन सरिस निकर निसाचर भेक।
जब लगि ग्रसत न तब लगि जतन करहु तजि टेक॥ ३६॥

अर्थ—जब से कपि हनुमान लंका जला गए थे, वहाँ (लंका में) राक्षस भययुक्त रहने लगे। अब राक्षस परिवार के बचने का कोई मार्ग नहीं है—वे इस प्रकार अपने-अपने घरों में विचार करते हैं।

जिसके दूत की शक्ति का वर्णन नहीं किया जा सकता है फिर उसके (स्वामी के) आने से नगर में कौन-सा अनिष्ट नहीं हो सकता? दूतियों से नगरवासियों की (इस) चर्चा को सुनकर मन्दोदरी अधिक व्याकुल हुई।

एकान्त में वह हाथ जोड़कर अपने पति के चरणों में जा लगी और नीति रस में पगी हुई वाणी बोली। हे प्रियतम! श्रीहरि से संघर्ष विरोध (करष) छोड़ दें। मेरे समझाने को हृदय में अत्यन्त हितैषितापूर्ण जानकर धारण करें।

जिसके दूत के कौतुकपूर्ण कृत्य का विचार करते ही राक्षसियों के गर्भ पृथ्वी पर गिर पड़ते हैं, अपने मंत्री को बुलाकर उसकी पत्नी को (उनके पास) भेज दो, यदि भलाई चाहते हो तो।

आपके कुलरूपी कमल विपिन के लिए यह सीता शिशिर रात्रि के समान आई है। हे नाथ! सुन लें, बिना सीता को लौटाये, शिव तथा ब्रह्मा के भी (हित) करने से आपका हित नहीं होगा।

श्रीराम के बाण सर्प की भाँति हैं और राक्षसों के समूह मेढक के सदृश। जब तक वे इनका ग्रास नहीं कर लेते, तब तक अपना हठ छोड़कर कोई यत्न कर लें॥ ३६॥

टिप्पणी—शास्त्रों में पत्नी को पुरुष का प्रथम हित चिंतक बताया गया है। रावण की पत्नी मंदोदरी रावण को सीता लौटा देने की प्रार्थना करती है किन्तु रावण उसका तिरस्कार करता है। सुंदरकांड का यह प्रसंग न वाल्मीकि रामायण में है और न अध्यात्म रामायण में। कवि अपनी मौलिक कल्पना शक्ति के आधार पर इसे यहाँ प्रस्तुत करता है। हनुमन्नाटक में विभीषण के समझाने का प्रसंग अवश्य आता है किन्तु वाल्मीकि एवं अध्यात्म में यह प्रसंग युद्धकांड में है।

सुनी स्त्रवन सठ ता करि बानी। बिहँसा जगत बिदित अभिमानी॥
सभय सुभाउ नारि कर साँचा। मंगल महुँ भय मन अति काँचा॥
जौं आवै मर्कट कटकाई। जिअहिं बिचारे निसिचर खाई॥
कंपहिं लोकप जाकी त्रासा। तासु नारि सभीत बड़ि हासा॥
अस कहि बिहँसि ताहि उर लाई। चलेउ सभाँ ममता अधिकाई॥
मंदोदरी हृदयँ कर चिंता। भयेउ कंत पर बिधि बिपरीता॥
बैठेउ सभाँ खबरि असि पाई। सिंधु पार सेना सब आई॥
बूझेसि सचिव उचित मत कहहू। ते सब हँसे मष्ट करि रहहू॥
जितेहु सुरासुर तब स्त्रम नाहीं। नर बानर केहि लेखे माहीं॥

दो०— सचिव बैद गुर तीनि जौं प्रिय बोलहिं भय आस।
राज धर्म तन तीनि कर होइ बेगि ही नास॥ ३७॥

अर्थ—उस शठ रावण ने उसकी वाणी सुनी और (उसे) सुनकर वह विश्वविख्यात अभिमानी हँसा। नारियों का स्वभाव सचमुच ही भयपूर्ण है। उनका मन कच्चा है क्योंकि उन्हें शुभसमय में भी भय होता है।

यदि वानर सेना आती है तो बेचारे राक्षस उन्हें खाकर जीयेंगे। (जीवन व्यतीत करेंगे)। जिसके संत्रास (भय) से लोकपाल काँपते हैं, यह बड़े उपहास का विषय है कि उसकी पत्नी भयभीत है।

विहँस करके उसने ऐसा कहा और उसे अंक में लगा लिया। इस प्रकार से स्नेह प्रदर्शित करके वह (रावण) सभा में चला गया। मंदोदरी हृदय-ही-हृदय चिंता करने लगी कि मेरे प्रियतम पर विधाता प्रतिकूल हो गये हैं।

ज्यों ही, (वह) सभा में बैठा, उसने ऐसी खबर पाई कि सम्पूर्ण सेना समुद्र के पार आ गई है। मंत्रियों से उसने पूछा कि उचित राय बतायें। वे-मन-ही-मन बोले, चुप किये रहिये (इसमें सलाह की कौन बात है)।

आपने देवता तथा असुर-सभी को जीत लिया है, मनुष्य तथा वानर किस गिनती में हैं।

भय या लाभ की आशा में मंत्री, वैद्य एवं गुरु यदि प्रिय वाणी बोलते हैं तो शीघ्र ही, राज्य धर्म एवं शरीर का विनाश हो जाता है॥ ३७॥

टिप्पणी—परम हितैषिणी पत्नी की सलाह की रावण उपेक्षा कर देता है। इसी बीच समाचार प्राप्त हुआ कि समुद्र के तट पर वानरों की सेना आ पहुँची है। इस समाचार को सुनकर उसने मंत्रियों से मंत्रणा की कि इस सन्दर्भ में क्या करणीय है? चाटुकार मंत्री रावण को युद्ध के लिए प्रोत्साहित करते हैं। चाटुकार मंत्रियों द्वारा हित-अहित की परीक्षा किये बिना युद्ध का निष्कर्ष निकाल लेना ही रावण के विनाश का कारण है, ऐसा कवि यहाँ इंगित करता है।

सोइ रावन कहुँ बनी सहाई। अस्तुति करहिं सुनाइ सुनाई॥
अवसर जानि बिभीषनु आवा। भ्राता चरन सीसु तेहिं नावा॥
पुनि सिरु नाइ बैठ निज आसन। बोला बचन पाइ अनुसासन॥
जौं कृपाल पूछहु मोहिं बाता। मति अनुरूप कहौं हित ताता॥
जो आपन चाहइ कल्याना। सुजसु सुमति सुभ गति सुख नाना॥
सो पर नारि लिलारु गोसाईं। तजौ चौथि के चंद कि नाईं॥
चौदह भुवन एक पति होई। भूत द्रोह तिष्ठइ नहिं सोई॥
गुन सागर नागर नर जोऊ। अलप लोभ भल कहइ न कोऊ॥

दो०— काम क्रोध मद लोभ सब नाथ नरक के पंथ।
सब परिहरि रघुबीरहि भजहु भजहिं जेहि संत॥ ३८॥

अर्थ—वही रावण के लिए सहायक बन गया है। मंत्रीगण उसे सुना-सुनाकर स्तुति कर रहे हैं। अवसर देखकर विभीषण आया और भ्राता रावण के चरणों पर उसने सिर नवाया।

और फिर सिर नवाकर, अपने आसन पर जा बैठा तथा आज्ञा पाकर वचन बोला। हे कृपाल! जब आपने मुझसे बातें पूछी हैं तो हे तात! मैं अपनी बुद्धि के अनुसार हित की बात कहता हूँ।

जो अपना कल्याण, यश, सुन्दर ज्ञान, सुन्दर गति एवं अनेकानेक सुख चाहता है तो हे स्वामी! दूसरे की पत्नी के ललाट को वह चौथ के चन्द्र की भाँति (देखना) त्याग दे।

चौदह भुवनों का एकमात्र स्वामी होने पर भी वह जीवों से वैर (भूतद्रोह) करके नहीं रह सकता (तिष्ठइ)। जो गुणों के समुद्र तथा चतुर हैं, उनके थोड़े-से भी लोभ को कोई भला नहीं कहता।

हे नाथ! काम, क्रोध, मद, लोभ सभी के सभी नरक के मार्ग हैं। सभी का परित्याग करके जिसका संत जन भजन करते हैं, उन कोशलाधीश श्रीराम का भजन करें॥ ३८॥

टिप्पणी—पत्नी, मंत्री एवं बन्धु बांधव यही सही हितैषी हैं। पत्नी की वह रावण अवहेलना कर देता है। मंत्रिगण ठकुरसुहाती बोल रहे हैं और ऐसे समय में रावण का सगा भाई विभीषण उसे उचित परामर्श देने के लिए पहुँचता है। वह पर नारी अपहरण के कलंक से अपनी बात की शुरुआत करता है और परामर्श देता है कि सीता को पहुँचाकर श्रीराम से वह सन्धि कर ले। कवि यहाँ 'काम, क्रोध, लोभ, मोह तथा मद' से मुक्ति पाने की बात रावण से करता है क्योंकि रावण इन समस्त वासनाओं से ग्रस्त है। कवि इस प्रसंग को श्रीराम भक्ति की ओर उन्मुख करता है वाल्मीकि एवं अध्यात्म रामायणों में विभीषण प्रसंग लंकाकांड में है— किन्तु यहाँ यह सुंदरकांड के अन्तर्गत है यह हनुमन्नाटक का प्रभाव है। यहाँ विभीषण रावण को समझाता हुआ कहता है—

त्यजस्व कोपं कुलकीर्तिनाशनं भजस्वधर्मं कुलकीर्तिवर्धनम्।
प्रसीद जीवेम सबान्धवा वयं प्रदीयतां दाशरथाय मैथिलीं॥

तात रामु नहिं नर भूपाला। भुवनेस्वर कालहु कर काला॥
ब्रह्म अनामय अज भगवंता। ब्यापक अजित अनादि अनंता॥
गो द्विज धेनु देव हितकारी। कृपासिंधु मानुष तनु धारी॥
जन रंजन भंजन खल ब्राता। बेद धर्म रक्षक सुनु भ्राता॥
ताहि बयरु तजि नाइअ माथा। प्रनतारति भंजन रघुनाथा॥
देहु नाथ प्रभु कहुँ बैदेही। भजहु राम बिनु हेतु सनेही॥
सरन गएँ प्रभु ताहु न त्यागा। बिस्ब द्रोह कृत अघ जेहि लागा॥
जासु नाम त्रय ताप नसावन। सोइ प्रभु प्रकट समुझु जिअँ रावन॥

दो०— बार बार पद लागौं बिनय करौं दससीस।
परिहरि मान मोह मद भजहु कोसलाधीस॥
मुनि पुलस्ति निज सिष्य सन कहि पठई येह बात।
तुरत सो मैं प्रभु सन कही पाइ सुअवसरु तात॥ ३९॥

अर्थ—हे तात! श्रीराम मनुष्यों के राजा ही नहीं, वे सम्पूर्ण भुवनों के स्वामी तथा काल देवता के भी काल हैं। वे विकार रहित, ब्रह्म (अनामय), अज, भगवान, व्यापक अजेय, अनादि तथा अनन्त हैं।

गाय, ब्राह्मण, धेनु तथा देवताओं के हितैषी एवं कृपा के सागर केवल (सभी की रक्षा के लिए) मनुष्य का शरीर धारण किया है। हे भाई! सुनो! वे श्रीराम दासों

को आनन्द देने वाले दुष्टों के समुदाय का विनाश करने वाले तथा वेद एवं धर्म के रक्षक हैं।

वैर का परित्याग करके उन्हें सिर नवाइये। वे प्रणत जनों के संकट को दूर करने वाले श्री रघुनाथ जी है। हे नाथ! प्रभु श्रीराम को सीता लौटा दें एवं अकारण हितैषी श्रीराम का स्मरण करें।

सम्पूर्ण जगत से द्रोह करने का पाप जिसे लगा है, शरणागत होने पर प्रभु श्रीराम उसका भी त्याग नहीं करते, जिनका नाम तीनों तापों को नष्ट करने वाला है, वही प्रभु श्रीराम के रूप में प्रकट हुए हैं, हे रावण! ऐसा हृदय में समझो।

मैं बार-बार आपके चरणों पर पड़ता हूँ और हाथ जोड़कर विनय करता हूँ कि अभिमान, मद एवं मोह का परित्याग करके आप कोशलपति श्रीराम का भजन कीजिए।

मुनि पुलस्त्य ने अपने शिष्य से यह बात कहला भेजी है, हे तात! मैंने सुअवसर पाकर स्वामी से तुरन्त ही वह बात कह दी॥ ३९॥

टिप्पणी— विभीषण रावण को भाँति-भाँति से समझाता है और अन्त में वह अपने पितामह का सन्दर्भ भी देता है। यह पितामह सन्दर्भ संदेश के रूप में है। पुलस्त्यमुनि ने भी यही बात अपने शिष्यों से कहला भेजी है, इसलिए स्वीकार करें। पुलस्त्य ऋषि रावण के पितामह थे और यहाँ कवि रावण को समझाने के लिए बन्धु बांधव की ही परिकल्पना नहीं करता, उसके पूर्व पुरुषों को भी इससे जोड़ने की बात करता है। पुलस्त्य प्रकरण पूर्व परम्परा में नहीं मिलता। वाल्मीकि रामायण में विभीषण रावण को तीन बार समझाने के लिए आता है।

माल्यवंत अति सचिव सयाना। तासु बचन सुनि अति सुख माना॥
तात अनुज तव नीति बिभूषन। सो उर धरहु जो कहत बिभीषन॥
रिपु उतकरष कहत सठ दोऊ। दूरि न करहु इहाँ हइ कोऊ॥
माल्यवंत गृह गएउ बहोरी। कहइ बिभीषनु पुनि कर जोरी॥
सुमति कुमति सब कें उर रहहीं। नाथ पुरान निगम अस कहहीं॥
जहाँ सुमति तहँ संपति नाना। जहाँ कुमति तहँ बिपति निदाना॥
तव उर कुमति बसी बिपरीता। हित अनहित मानहु रिपु प्रीता॥
कालराति निसिचर कुल केरी। तेहि सीता पर प्रीति घनेरी॥

दो०— तात चरन गहि मागौं राखहु मोर दुलार।
सीता देहु राम कहुँ अहित न होइ तुम्हार॥ ४०॥

अर्थ—माल्यवान नाम का एक चतुर मंत्री था, उसने उसके वचनों का सुनकर अत्यधिक सुख का अनुभव किया। हे तात! आपके भाई विभीषण कीर्ति-विभूषण हैं। इसलिए जो विभीषण कह रहे हैं, उसे हृदय में धारण करें।

(रावण ने कहा) तुम दोनों शत्रु के उत्कर्ष का वर्णन कर रहे हो, यहाँ कोई हैं, इन्हें दूर क्यों नहीं करते? तब माल्यवान तो घर लौट आया किन्तु विभीषण पुनः हाथ जोड़कर कहता है।

हे नाथ! वेद तथा पुराण ऐसा कहते हैं कि सभी के हृदय में सुबुद्धि एवं दुर्बुद्धि (समान रूप से) निवास करती हैं किन्तु जहाँ सुमति है, वहाँ नाना प्रकार की सम्पत्ति है, किन्तु जहाँ कुमति है, वहाँ परिणाम (निदान) के रूप में विपत्ति रहती है।

आपके हृदय में विपरीति दुर्बुद्धि आकर बस गई है इसीलिए आप हित को अनहित एवं मित्र को शत्रु मान रहे हैं। आपकी (दुर्बुद्धि) राक्षस कुल की कालरात्रि की भाँति है और उस पर अधिक भयंकर सीता पर आपकी प्रीति बन गई है।

हे तात! मैं आपके चरणों को पकड़कर यह माँग रहा हूँ और आप मेरा दुलार रख लीजिए (बालक के प्रेम को न दुत्कारिये) कि श्रीराम को सीता दे दें जिससे कि आपका अहित न हो पाये॥ ४०॥

टिप्पणी—रावण का चतुर मंत्री माल्यवन्त भी रावण को यही परामर्श देता है और वह विभीषण का ही समर्थन करता है। विभीषण रावण के चरणों को पकड़कर सीता को लौटाने का अनुनय करता है किन्तु रावण पर कोई प्रभाव नहीं पड़ता। माल्यवंत प्रकरण भी अध्यात्म एवं वाल्मीकि रामायणों में नहीं है। तुलसी प्रायः पत्नी, मंत्री, भाई तथा पितामह सभी हितैषियों से उचित सलाह दिलाकर प्रसंग को अधिक तेजवान बनाते हैं।

बुध पुरान श्रुति संमत बानी। कही बिभीषन नीति बखानी॥
सुनत दसानन उठा रिसाई। खल तोहि निकट मृत्यु अब आई॥
जिअसि सदा सठ मोर जिआवा। रिपु कर पच्छ मूढ़ तोहि भावा॥
कहसि न खल अस को जग माहीं। भुजबल जेहिं जीता मैं नाहीं॥
मम पुर बसि तपसिन्ह पर प्रीती। सठ मिलु जाइ तिन्हहिं कहु नीती॥
अस कहि कीन्हेसि चरन प्रहारा। अनुज गहे पद बारहिं बारा॥
उमा संत कै इहइ बड़ाई। मंद करत जो करइ भलाई॥
तुम्ह पितु सरिस भलेहिं मोहि मारा। रामु भजें हित नाथ तुम्हारा॥
सचिव संग लै नभ पथ गयेऊ। सबहि सुनाइ कहत अस भयेऊ॥

दो०— रामु सत्य संकल्प प्रभु सभा काल बस तोरि।
मैं रघुबीर सरन अब जाउँ देहु जनि खोरि॥ ४१॥

अर्थ—विभीषण ने नीतिपूर्वक विद्वत् जन, पुराण, वेद अनुमोदित वाणी बखान कर कही—जिसे सुनकर रावण खीझ उठा और कहा कि रे दुष्ट! अब मृत्यु तुम्हारे निकट आ गई है।

रे शठ! तू हमेशा मेरे जिलाने से (मुझसे अन्नादि प्राप्त करके) जीता रहा है किन्तु रे मूर्ख! तुझे शत्रु का पक्ष अच्छा लगता है। रे दुष्ट! बता न। संसार में ऐसा कौन है, जिसे मैंने भुजाओं के बल से नहीं जीता है?

मेरे नगर में रहकर तपस्वियों से प्रेम? हे शठ! उन्हीं से जाकर मिलो और उन्हीं को नीति बताओ (कहु नीति)। ऐसा कहकर उसने चरण प्रहार किया और अनुज विभीषण ने (मारने पर भी) बार-बार चरण थाम्हे।

हे पार्वती! सन्तों का यही बड़प्पन है कि वे बुराई करने (मंद करत) पर भी भलाई करते हैं। आप पिता के सदृश हैं और मुझे मारा यह अच्छा किया किन्तु हे नाथ! श्रीराम का भजन करने पर ही आपका हित होगा।

(यह कह कर) मंत्रियों के साथ विभीषण आकाश मार्ग से चल पड़े और सभी को सुना कर इस प्रकार कहने लगे।

हे रावण! आपकी सभा कालवश हो उठी है क्योंकि श्रीराम तो सत्य संकल्प प्रभु हैं, अत: मैं अब श्रीराम की शरण में जा रहा हूँ, मुझे दोष न दीजिएगा॥ ४१॥

टिप्पणी—नेक सलाह देते हुए भी अनुज विभीषण पर पद प्रहार की घटना सर्वथा प्रसिद्ध घटना है। मानस में विभीषण पद प्रहार के बाद भी विचलित नहीं होता और कहता है—

'तुम्ह पितु सरिस भलेहिं मोहिं मारा। राम भजे हित नाथ तुम्हारा॥'

वाल्मीकि रामायण में 'पद प्रहार' की घटना नहीं है। वहाँ रावण से असन्तुष्ट होकर विभीषण राम के पास अपने मंत्रियों सहित चला जाता है। यही स्थिति, अध्यात्म रामायण की भी है—

विभीषणो रावण वाक्यत: क्षणा
द्विसृज्य सर्वं सपरिच्छदं गृहम्।
जगाम रामस्यपदार विन्दयो,
सेवाभिकाङ्क्षी परिपूर्णमानस:॥

हनुमन्नाटक में इस प्रसंग का उल्लेख मिलता है—

"इति वाम चरणेन विभीषणं ताऽयामास"

अस कहि चला बिभीषनु जबहीं। आयूहीन भये सब तबहीं॥
साधु अवज्ञा तुरत भवानी। कर कल्यान अखिल कै हानी॥
रावन जबहिं बिभीषनु त्यागा। भयेउ बिभव बिनु तबहिं अभागा॥
चलेउ हरषि रघुनायक पाहीं। करत मनोरथ बहु मन माहीं॥
देखिहौं जाइ चरन जलजाता। अरुन मृदुल सेवक सुखदाता॥
जे पद परसि तरी रिषिनारी। दंडक कानन पावनकारी॥
जे पद जनकसुता उर लाये। कपट कुरंग संग धर धाये॥
हर उर सर सरोज पद जेई। अहोभाग्य मैं देखिहौं तेई॥

दो०— जिन्ह पायन्ह के पादुकन्हि भरत रहे मन लाइ।
ते पद आज बिलोकिहौं इन्ह नयनन्हि अब जाइ॥ ४२॥

अर्थ—ऐसा कहकर विभीषण (ज्योंही) वहाँ से चला, सभी राक्षस आयुहीन हो उठे। हे पार्वती! साधुओं का अपमान तुरन्त ही सम्पूर्ण कल्याण की हानि कर देता है।

रावण ने जिस क्षण विभीषण का त्याग कर दिया (उसी क्षण) वह ऐश्वर्यविहीन हो उठा। इधर विभीषण हर्षित भाव से मन में नाना प्रकार के मनोरथ करते हुए श्रीराम के पास चले।

अरुणवर्ण के तथा भक्तों के लिए आनन्ददायी कमलवत् चरणों को जाकर देखूँगा। जिन चरणों का स्पर्श करके ऋषि गौतम की पत्नी अहल्या तर गई और (जो चरण) दण्डक वन को पवित्र करने वाले हैं।

जिन चरणों को सीता ने हृदय में लगाकर रखा है, जो कपटमृग को पकड़ने (धर) के लिए पृथ्वी पर दौड़े थे, जो चरण शिव के हृदय सरोवर के लिए कमलवत हैं मेरा अहोभाग्य है कि मैं उन्हें आज देखूँगा।

जिन चरणों की पादुकाओं में भरत अपने मन को लगा रखा है, उन चरणों को अभी जाकर आज ही मैं इन नेत्रों से देखूँगा॥ ४२॥

टिप्पणी—विभीषण को यहाँ भक्त के रूप में चित्रित करता हुआ कवि उसकी दर्शनासक्ति का चित्रण करता है। यहाँ विभीषण को भक्त के रूप में चित्रित करने का बड़ा ही द्रावक तथा मनोहारी चित्रण किया गया है। भाई-बन्धुओं की ओर से उपेक्षित तथा आश्रयविहीन विभीषण एकमात्र आश्रय श्रीराम के प्रति कितना अधिक निष्ठावान् है, कवि सम्पूर्ण तन्मयता एवं आत्मीयता के साथ इसका चित्रण करता है।

येहि बिधि करत सप्रेम बिचारा। आयेउ सपदि सिंधु येहि पारा॥
कपिन्ह बिभीषनु आवत देखा। जाना कोउ रिपु दूत बिसेषा॥
ताहि राखि कपीस पहिं आये। समाचार सब ताहि सुनाये॥
कह सुग्रीव सुनहु रघुराई। आवा मिलन दसानन भाई॥
कह प्रभु सखा बूझिये काहा। कहइ कपीस सुनहु नरनाहा॥
जानि न जाइ निसाचर माया। कामरूप केहि कारन आया॥
भेद हमार लेन सठ आवा। राखिअ बाँधि मोहि अस भावा॥
सखा नीति तुम्ह नीकि बिचारी। मम पन सरनागत भयहारी॥
सुनि प्रभु बचन हरष हनुमाना। सरनागत बच्छल भगवाना॥

दो०— सरनागत कहुँ जे तजहिं निज अनहित अनुमानि।
ते नर पाँवर पापमय तिन्हहि बिलोकत हानि॥ ४३॥

अर्थ—इस प्रकार, प्रेमपूर्वक विचार करता हुआ, शीघ्र (सपदि) ही समुद्र के इस पार आया। वानरों ने विभीषण को आते देखा तो समझा कि यह कोई शत्रु का दूत विशेष है।

उसे ठहराकर (राखि) सुग्रीव के पास वे आये और उन्हें सारा समाचार सुनाया। सुग्रीव ने कहा कि हे श्रीराम! सुनिये, रावण का भाई मिलने के लिये आया है।

प्रभु श्रीराम ने कहा, हे मित्र! समझिये, किसलिए (आया है)। सुग्रीव कहते हैं, हे महाराज! सुनिये, राक्षसों की माया समझी नहीं जाती। यह इच्छानुसार वेष बदलने वाला मायावी न जाने किस कारण आया है?

जान पड़ता है, यह शठ, हमारा भेद लेने के लिए आया है, इसलिए मुझे तो यही अच्छा लगता है कि इसे बाँध रखा जाए। श्रीराम ने कहा, हे मित्र! तुमने नीति तो अच्छी बिचारी है किन्तु मेरा प्रण शरणागत के भय को हरण कर देना है।

प्रभु श्रीराम के वचनों को सुनकर हनुमान हर्षित हो उठे (और मन में विचार किया कि) भगवान् श्रीराम शरणागत पर वात्सल्य प्रेम रखने वाले (कितने उदार हृदय) हैं।

जो मनुष्य अपने हित-अनहित का अनुमान करके शरणागत का त्याग कर देते हैं, वे मनुष्य पामर (क्षुद्र) तथा पाप से परिपूर्ण हैं, उनको देखने से (पुण्य की) हानि होती है॥ ४३॥

टिप्पणी—कवि यहाँ विवेक, नीति एवं राजनीति तीनों से सम्बद्ध प्रश्नों को उठाकर एक साथ समाधान देने की चेष्टा करता है। शत्रु रावण का भाई विभीषण आया है, यह राजनीति है—किन्तु श्रीराम के पास आया है, यह एक नीति का प्रश्न है और श्रीराम जब विभीषण की वास्तविकता इंगित करते हैं तो वह विवेक से जुड़ जाता है—और हनुमान इसका समर्थन करते हैं। यहाँ विभीषण का प्रश्न 'शरणागत' का प्रश्न है, राजनीति का प्रश्न नहीं है, यह नीति तथा विवेक का प्रश्न है। विभीषण को स्वीकार करना नीति निष्ठा तथा विवेक को स्वीकार करना है।

कोटि बिप्र बध लागहि जाहू। आयें सरन तजौं नहिं ताहू॥
सन्मुख होइ जीव मोहि जबहीं। जन्म कोटि अघ नासहिं तबहीं॥
पापवंत कर सहज सुभाऊ। भजनु मोर तेहि भाव न काऊ॥
जौं पै दुष्ट हृदय सोइ होई। मोरें सन्मुख आव कि सोई॥
निर्मल मन जन सो मोहि पावा। मोहि कपट छल छिद्र न भावा॥
भेद लेन पठवा दससीसा। तबहुँ न कछु भय हानि कपीसा॥
जग महुँ सखा निसाचर जेते। लछिमनु हनइ निमिष महुँ तेते॥
जौं सभीत आवा सरनाईं। रखिहौं ताहि प्रान की नाईं॥

दो०— उभय भाँति तेहि आनहु हँसि कह कृपा निकेत।
जय कृपाल कहि कपि चले अंगद हनू समेत॥ ४४॥

अर्थ—जिसे करोड़ों ब्राह्मणों की हत्या लगी हो, उसे भी शरणागत होने पर मैं नहीं त्यागता। जीव जब भी मेरे सन्मुख हो जाए, उसी क्षण उसके करोड़ों जन्मों के पाप नष्ट हो जाते हैं।

पापी का यह सहज स्वभाव है कि उसे कभी भी मेरा भजन भाता (अच्छा लगना) नहीं। यदि वह (विभीषण) दुष्ट हृदय का होगा तो क्या वह मेरे सन्मुख आ सकता है? (अर्थात् नहीं)।

मुझे वही मनुष्य प्राप्त करता है, जो निर्मल मन का है। मुझे कपट, छल, छिद्र अच्छे नहीं लगते। यदि रावण ने मेरा रहस्य जानने के लिए भेजा है तो भी, हे सुग्रीव! न मुझे कुछ भय है और न हानि।

हे सखा! जगत् में जितने राक्षस है, उन्हें लक्ष्मण पल में ही मार सकते हैं और यदि भयभीत वह शरण में आया है तो मैं उसे प्राणों की भाँति रखूँगा (उसकी रक्षा करूँगा)।

कृपा के धाम श्रीराम ने हँस कर कहा कि दोनों ही स्थितियों में उसे ले आओ। तब अंगद तथा हनुमान के साथ सुग्रीव, कृपालु श्रीराम की जय हो कहते हुए चल पड़े॥ ४४॥

टिप्पणी—श्रीराम वानरों को समझाते हैं कि यदि राजनीति से सम्बद्ध है तो उसका भी पता चलेगा, यदि शरणागत है तो भी ज्ञात होगा। वह दोनों में से चाहे जिस पक्ष का हो उसे ले आया जाए—केवल आशंका के आधार पर निर्णय नहीं लिया जा सकता—यह विवेक का प्रश्न है। सन्देहास्पद अवसरों पर विवेक सर्वाधिक महत्त्वपूर्ण है, कवि इस मन्तव्य को व्यंजना द्वारा समझाने की चेष्टा करता है।

सादर तेहि आगें करि बानर। चले जहाँ रघुपति करुनाकर॥
दूरिहिं तें देखे द्वौ भ्राता। नयनानंद दान के दाता॥
बहुरि राम छबिधाम बिलोकी। रहेउ ठठुकि एकटक पल रोकी॥
भुज प्रलंब कंजारुन लोचन। स्यामल गात प्रनत भय मोचन॥
सिंघ कंध आयत उर सोहा। आनन अमित मदन मन मोहा॥
नयन नीर पुलकित अति गाता। मन धरि धीर कही मृदु बाता॥
नाथ दसानन कर मैं भ्राता। निसिचर बंस जनम सुरत्राता॥
सहज पाप प्रिय तामस देहा। जथा उलूकहि तम पर नेहा॥

दो०— स्त्रवन सुजसु सुनि आयेउँ प्रभु भंजन भव भीर।
त्राहि त्राहि आरति हरन सरन सुखद रघुबीर॥ ४५॥

अर्थ—आदरपूर्वक उसे (विभीषण को) आगे करके वानर वहाँ चले जहाँ करुणाकर श्रीराम थे। नेत्रों के लिए आनन्द का दान करने वाले उन दोनों भाइयों को विभीषण ने दूर से देखा।

पुनः सौन्दर्य के धाम श्रीराम की छवि को देखकर एकटक पलक रोककर ठिठक गया। भुजाएँ लम्बी, अरुण कमलवत् नेत्र, शरणागतों को भयमुक्त करने वाला श्यामल शरीर।

सिंह के सदृश कंधे एवं विशाल वक्षस्थल शोभित हो रहे थे। असंख्य कामदेवों के मन को मुग्ध करने वाला उनका मुख था विभीषण ने नेत्र में प्रेमाश्रु भरकर अत्यन्त पुलकित शरीर से, मन में धैर्य धारण करके कोमल स्वर से बातें कहीं—

हे नाथ! मैं रावण का भाई हूँ। हे देवताओं के रक्षक!! मेरा जन्म राक्षस वंश में हुआ है। यह तमस् वृत्तियों से संयुक्त देह स्वभाव से पापप्रिय है (अर्थात् इस देह से सहज ही पाप ही होते रहे हैं) जैसे—उलूक का अधंकार पर ही सहज स्नेह रहता है।

प्रभु! आप जन्म-मरण के भय का विनाश करने वाले हैं, यह सुयश कानों से सुनकर मैं आया हुआ हूँ। हे आर्तजनों के दुखों को दूर करने वाले तथा शरणागतों को आनन्द प्रदान करने वाले श्रीराम! मेरी रक्षा करें, मेरी रक्षा करें॥ ४५॥

टिप्पणी—तुलसी का विभीषण वाल्मीकि तथा अध्यात्म रामायणों के विभीषण से एकदम भिन्न है। वह भाई से संत्रस्त न होकर श्रीराम का भक्त एवं उनके प्रति संसक्तिभाव से आस्थावान् है। यहाँ कवि राजनीतिक 'शरणागति' के ऊपर शरणागति एवं प्रपत्तिमूलक भक्ति को स्थापित करता है। शरणागतों को स्वीकार करना श्रीराम का बाना है, इसी आकर्षण से वह आया है—

स्त्रवन सुजस सुनि आएउँ प्रभु भंजन भवभीर।
त्राहि त्राहि आरति हरन सरन सुखद रघुबीर॥

विभीषण के ये शब्द भक्त के हैं, राजनीतिक शरण खोजने वाले के नहीं।

अस कहि करत दंडवत देखा। तुरत उठे प्रभु हरष बिसेषा॥
दीन बचन सुनि प्रभु मन भावा। भुज बिसाल गहि हृदयँ लगावा॥
अनुज सहित मिलि ढिग बैठारी। बोले बचन भगत भयहारी॥
कहु लंकेस सहित परिवारा। कुसल कुठाहर बास तुम्हारा॥
खल मंडली बसहु दिनु राती। सखा धर्म निबहइ केहि भाँती॥
मैं जानौं तुम्हारि सब रीती। अति नय निपुन न भाव अनीती॥
बरु भल बास नरक कर ताता। दुष्ट संग जनि देइ बिधाता॥
अब पद देखि कुसल रघुराया। जौं तुम्ह कीन्हि जानि जन दाया॥

दो०— तब लगि कुसल न जीव कहुँ सपनेहुँ मन बिस्राम।
जब लगि भजत न राम कहुँ सोक धाम तजि काम॥ ४६॥

अर्थ—ऐसा कहकर उसे प्रभु श्रीराम ने दण्डवत् करते देखा, और तब विशेष हर्षित होकर वे तुरन्त उठ पड़े। उसके दीनता भरे वचन प्रभु श्रीराम को बहुत अच्छे लगे और अपनी विशाल भुजाओं से पकड़ कर उसे हृदय से लगा लिया।

अनुज लक्ष्मण के साथ मिलकर उसे समीप बैठाया और भक्तों के भय को दूर करने वाले श्रीराम बोले। हे लंकेश! परिवार सहित अपनी कुशल बताओ। तुम्हारा निवास तो बहुत बुरे स्थान पर है।

दिन-रात दुष्टों की मण्डली में निवास करते हो, अत: हे सखा! तुम्हारा धर्म किस प्रकार निबहता है। मैं तुम्हारे सम्पूर्ण व्यवहार की रीति जानता हूँ। तुम अत्यन्त नीति निपुण हो। तुम्हें अनीति अच्छी नहीं लगती।

हे तात! नरक में रहना श्रेयस्कर है परन्तु विधाता दुष्टों का साथ कभी न दें। हे श्रीराम! अब आपके चरणों का दर्शन करके कुशल से हूँ क्योंकि आपने अपना दास समझकर इस सेवक पर दया की है (ऐसा विभीषण ने उत्तर दिया)।

जब तक शोक के समूह (धाम) काम का परित्याग करके जीव श्रीराम को नहीं भजता तब तक न जीव के लिए कुशल है और न स्वप्न में भी परम शान्ति (विश्राम) है॥ ४६॥

टिप्पणी—विभीषण के प्रति यहाँ श्रीराम की आत्मीयता का चित्रण है। वह आत्मीयता उनके स्वभाव के अनुकूल तथा विभीषण को आश्वासन प्रदान करने के लिए है। विभीषण आश्वस्त हो जाएँ, यही श्रीराम के कथनों का मन्तव्य है।

तब लगि हृदयँ बसत खल नाना। लोभ मोह मच्छर मद माना॥
जब लगि उर न बसत रघुनाथा। धरें चाप सायक कटि भाथा॥
ममता तरुन तमी अँधियारी। राग द्वेष उलूक सुखकारी॥
तब लगि बसति जीव मन माहीं। जब लगि प्रभु प्रताप रबि नाहीं॥
अब मैं कुसल मिटे भय भारे। देखि राम पद कमल तुम्हारे॥
तुम्ह कृपाल जापर अनुकूला। ताहि न ब्याप त्रिबिध भवसूला॥
मैं निसिचर अति अधम सुभाऊ। सुभ आचरनु कीन्ह नहिं काऊ॥
जासु रूप मुनि ध्यान न आवा। तेहिं प्रभु हरषि हृदयँ मोहिं लावा॥

दो०— अहोभाग्य मम अमित अति राम कृपा सुख पुंज।
देखेउँ नयन बिरंचि सिव सेव्य जुगल पद कंज॥ ४७॥

अर्थ—जब तक धनुष, बाण एवं कमर में तरकस धारण किये हुए श्रीराम हृदय में निवास नहीं करते तब तक लोभ, मोह, मात्सर्य, मद, अभिमान आदि नाना प्रकार की दुष्ट भावनाएँ हृदय में निवास करती हैं।

ममतारूपी तरुण अँधेरी रात, जो राग-द्वेषरूपी उलूकों के लिए आनन्ददायिनी है, ये तभी तक जीवों के मन में निवास करते हैं, जब तक प्रभु श्रीराम के प्रतापरूपी सूर्य (का उदय) नहीं होता।

हे श्रीराम! आपके कमलवत् चरणों को देखकर, मेरे भारी भय मिट गये और अब मैं कुशलपूर्वक हूँ। हे कृपाशील! जिस पर तुम अनुकूल हो जाओ, उसे तीनों प्रकार के जन्म-मरण के कष्ट नहीं व्यापते।

मैं तो अत्यन्त नीच स्वभाव का राक्षस हूँ। मैंने कभी भी शुभ आचरण नहीं किया है। जिसका स्वरूप मुनियों के भी ध्यान में नहीं आता, उस प्रभु ने स्वयं मुझे हर्षित भाव से हृदय से लगा लिया।

हे कृपा एवं आनन्दसिन्धु श्रीराम! मेरा अत्यन्त अपरिमित अहोभाग्य है कि मैंने शिव तथा ब्रह्मा द्वारा सेवित आपके चरण-कमलों को (अपने इन) नेत्रों से देख लिया है॥ ४७॥

टिप्पणी—कवि यहाँ शरणागतिमूलक भक्ति के सार तत्त्व का निरूपण करता है। यह शरणागतिमूलक भक्ति अपने में कितनी प्रामाणिक है, विभीषण के वचन इसके साक्ष्य हैं। विभीषण के वचन उनके आत्मिक उद्‌गार हैं, वह अपने आत्मिक उद्‌गार द्वारा श्रीराम की भक्ति विषयक निष्ठा को पूरी तरह से प्रमाणित करना चाहता है। कवि को भी विभीषण की स्वीकृति से यह अवसर मिला है कि वह अशरणशरण तथा भक्तवत्सल जैसे प्रभु श्रीराम के स्वभाव को बलपूर्वक निरूपित करे।

सुनहु सखा निज कहौं सुभाऊ। जान भुसुंडि संभु गिरिजाऊ॥
जौं नर होइ चराचर द्रोही। आवइ सभय सरन तकि मोही॥
तजि मद मोह कपट छल नाना। करौं सद्य तेहि साधु समाना॥
जननी जनक बंधु सुत दारा। तनु धनु भवन सुहृद परिवारा॥
सब कै ममता ताग बटोरी। मम पद मनहिं बाँध बरि डोरी॥
सवँदरसी इच्छा कछु नाहीं। हरषु सोक भय नहिं मन माहीं॥
अस सज्जन मम उर बस कैसें। लोभी हृदयँ बसै धनु जैसें॥
तुम्ह सारिखे संत प्रिय मोरें। धरौं देह नहिं आन निहोरें॥

दो०— सगुन उपासक पर हित निरत नीति दृढ़ नेम।
ते नर प्रान समान मम जिन्ह कें द्विज पद प्रेम॥ ४८॥

अर्थ—(श्रीराम कहते हैं कि) हे सखा! मेरे स्वभाव को सुनो, इसे भुशुंडि, शिव एवं पार्वती ही जानते हैं। यदि कोई मनुष्य सम्पूर्ण जड़ चेतन का द्रोही भी हो तो वह यदि भयभीत मद, मोह, कपट एवं नाना प्रकार के छल का त्याग करके मेरी ओर उन्मुख होकर (शरणागत होकर या तककर) आता है तो उसे मैं शीघ्र

ही साधु के समान बना देता हूँ। माता, पिता, भाई, पुत्र, पत्नी, शरीर, धन, मित्र गण तथा परिवार,

इन सबके ममतारूपी तागों को बटोरकर तथा उसको डोरी (मोटी रस्सी) के रूप में आवंटित करके (बरके) जो अपने मन को मेरे चरणों में बाँध देता है; जिसकी कोई आकांक्षा नहीं है, इस प्रकार समदर्शी (बनकर) तथा हर्षशोक भय आदि जिसके मन में नहीं है,

ऐसे सज्जन मेरे हृदय में इस प्रकार निवास करते हैं, जैसे लोभी के हृदय में धन बसता है। तुम्हारे सदृश सन्त मुझे प्रिय हैं, (यह भी सत्य है कि) मैं किसी अन्य के लिए (यह लीला) देह नहीं धारण करता, ऐसे ही सन्तों के निमित्त ही देह धारण करता हूँ।

जो सगुण ब्रह्म के उपासक हैं, वे दूसरों के हित, नीति एवं नियमों में दृढ़तापूर्वक लगे रहते हैं और जिनके मन में ब्राह्मणों के प्रति प्रेम है, वे मनुष्य मेरे प्राणों के सदृश हैं ॥ ४८ ॥

टिप्पणी—कवि यहाँ राजनीतिक 'शरण' को शरणागतिमूलक भक्ति के प्रसंग से सन्दर्भित कर देता है। इस शरणागतिमूलक प्रसंग को कवि श्रीराम के मुख से स्वयं अभिपुष्ट करा रहा है। श्रीराम कहते हैं—

सुनु लंकेस सकल गुन तोरें। ता तें तुम्ह अतिसय प्रिय मोरें॥
राम बचन सुनि बानर जूथा। सकल कहहिं जय कृपा बरूथा॥
सुनत बिभीषनु प्रभु कै बानी। नहिं अघात स्रवनामृत जानी॥
पद अंबुज गहि बारहिं बारा। हृदयँ समात न प्रेमु अपारा॥
सुनहु देव सचराचर स्वामी। प्रनतपाल उर अंतरजामी॥
उर कछु प्रथम बासना रही। प्रभु पद प्रीति सरित सो बही॥
अब कृपाल निज भगति पावनी। देहु सदा सिव मन भावनी॥
एवमस्तु कहि प्रभु रनधीरा। माँगा तुरत सिंधुकर नीरा॥
जदपि सखा तव इच्छा नाहीं। मोर दरसु अमोघ जग माहीं॥
अस कहि राम तिलक तेहि सारा। सुमन बृष्टि नभ भई अपारा॥

दो०— रावन क्रोध अनल निज स्वास समीर प्रचंड।
जरत बिभीषन राखेउ दीन्हेउ राजु अखंड॥
जो संपति सिव रावनहि दीन्हि दिएँ दस माथ।
सोइ संपदा बिभीषनहि सकुचि दीन्हि रघुनाथ॥ ४९ ॥

अर्थ—हे लंकेश विभीषण! सुनो, तुम्हारे अन्दर समस्त गुण हैं, इसीलिए तुम मुझे अत्यधिक प्रिय हो। श्रीराम के वचनों को सुनकर वानरों के समस्त समूह कहने लगे, कृपा के आगार श्रीराम की जय हो।

प्रभु की (इस प्रकार की) वाणी सुनते हुए विभीषण उसे श्रवणामृत समझकर (तृप्ति से) अघाते नहीं हैं। बार-बार श्रीराम के चरण-कमलों को पकड़कर और जिनके हृदय में अनन्त प्रेम राशि समा नहीं पा रही थी (ऐसे विभीषण बोले)—

हे देव! हे सचराचर के स्वामी! हे शरणागत के रक्षक! हे हृदय के भीतर की समस्त बातों को जानने वाले श्रीराम! मेरे हृदय में इसके पूर्व जो कुछ वासना (अवशिष्ट) थी वह प्रभु के चरणों की प्रीति रूप सरिता में आज बह (विलीन हो) गई।

हे कृपालु! सदैव शिव को अच्छी लगने वाली अपनी पवित्र भक्ति मुझे दें। युद्ध में धैर्य प्रगट करने वाले श्रीराम ने एवमस्तु कहकर तुरन्त ही समुद्र का जल माँगा।

हे सखा! यद्यपि तुम्हारी कोई आकांक्षा भी नहीं है, फिर भी मेरा दर्शन संसार में अमोघ है (निष्फल नहीं जाता) ऐसा कहकर श्रीराम ने उसका राज तिलक कर दिया (सारा)। आकाश में (उस क्षण) अपार पुष्प वृष्टि हुई।

रावण के क्रोधरूपी अग्नि जो विभीषण की श्वास (नीति वाणी) रूपी वायु के सम्पर्क से प्रचंड होकर जल रही थी उसमें जलते हुए विभीषण की श्रीराम ने रक्षा कर ली और उसे अखण्ड राज्य दिया।

शिव ने दसों शीशों की बलि देने पर रावण को जो सम्पत्ति दी थी, श्रीराम ने उस सम्पत्ति को (अत्यन्त) संकोच पूर्वक विभीषण को दिया॥ ४९॥

टिप्पणी—श्रीराम के स्वभाव एवं कृपापूर्ण भक्तवत्सलता का कवि चित्रण कर रहा है। विभीषण को श्रीराम न केवल अपना सखा बना लेते हैं, वरन् उन्हें लंका के भावी सम्राट् के रूप में भी अभिषिक्त करते हैं। कवि को श्रीराम के माहात्म्य को चित्रित करने का यह उचित अवसर मिलता है—

जो संपति सिव रावनहिं दीन्हि दिये दस माथ।
सोइ संपदा विभीषनहिं सकुचि दीन्ह रघुनाथ॥

मूलतः यह सन्दर्भ हनुमन्नाटक से प्रभावित है:

या विभूतिदर्शग्रीवे शिरश्छेदेपि शंकरात्।
दर्शनाद्रामदेवस्य सा विभूतिर्विभीषणे॥

(जो ऐश्वर्य रावण को अपने शिर को काटकर चढ़ाने के बाद प्राप्त हुआ था, वही लंका का आधिपत्य विभीषण को श्रीराम के दर्शन मात्र से प्राप्त हुआ।)

'सकुचि दीन्हि' शब्द को जोड़कर कवि श्रीराम की अतिशय उदारता को यहाँ चित्रित करने का यत्न करता है।

अस प्रभु छाँड़ि भजहिं जे आना। ते नर पसु बिनु पूँछ बिषाना॥
निज जन जानि ताहि अपनावा। प्रभु सुभाव कपि कुल मन भावा॥

पुनि सर्बग्य सर्ब उरबासी। सर्ब रूप सब रहित उदासी॥
बोले बचन नीति प्रतिपालक। कारन मनुज दनुज कुल घालक॥
सुनु कपीस लंकापति बीरा। केहि बिधि तरिअ जलधि गंभीरा॥
संकुल मकर उरग झष जाती। अति अगाध दुस्तर सब भाँती॥
कह लंकेस सुनहु रघुनायक। कोटि सिंधु सोषक तव सायक॥
जद्यपि तदपि नीति असि गाई। बिनय करिअ सागर सन जाई॥
दो०— प्रभु तम्हार कुलगुर जलधि कहिहि उपाय बिचारि।
बिनु प्रयास सागर तरिहि सकल भालु कपि धारि॥ ५०॥

अर्थ—ऐसे प्रभु श्रीराम को छोड़कर जो दूसरे का भजन करते हैं, वे बिना-सींग पूछ के पशु हैं। श्रीराम ने विभीषण को अपना सेवक समझकर अंगीकार कर लिया। प्रभु श्रीराम का यह स्वभाव वानर समूहों को भाया (अच्छा लगा)।

पुनः सर्वज्ञ, सभी के हृदय में निवास करने वाले, सर्वरूप, सबसे रहित, उदासीन, नीति के परिपालक, कतिपय हेतुओं से (लीला रूप) गनुष्य बनने वाले एवं राक्षसों के समूह को नष्ट करने वाले श्रीराम! वाणी बोले—।

हे वीर वानरराज सुग्रीव तथा लंकेश विभीषण! यह गहरा समुद्र किस प्रकार पार किया जाए। अनेकानेक मकरों, साँपों तथा मछलियों से आप्लावित (संकुल) (यह समुद्र) सब प्रकार से अत्यन्त अगाध एवं दुस्तर (पार करने में दुर्गम) है।

लंकेश विभीषण ने कहा, हे श्रीराम! सुनें, यद्यपि आपका बाण अनेकानेक समुद्रों को सोख लेने में समर्थ है तथापि नीति ऐसी कहती कि (प्रथमतः) समुद्र से चलकर विनय की जाए।

हे प्रभु! समुद्र आपका कुलगुरु है, वह विचार कर उपाय बतला देंगे और तब रीछ एवं वानरों की समस्त (धारि) सेना बिना प्रयास ही सागर पार हो जाएगी॥ ५०॥

टिप्पणी—कवि यहाँ सीता की प्राप्ति के निमित्त उत्पन्न सबसे बड़े अवरोध का वर्णन करता है। यह अवरोध है—समुद्र को पार करने का। कवि यहाँ अनेक रूपों में समुद्र की भयंकरता का चित्रण करता हुआ मन्तव्य की प्राप्ति में अवरोधजनित निराशा को चित्रित कर रहा है। यह अवरोध श्रीराम की परीक्षा का हेतु है। इस समुद्र के अवरोध को दूर करने के निमित्त श्रीराम मंत्रणा करते हैं और निष्कर्ष के रूप में 'सागर विनय' का सन्दर्भ एकमत से निश्चित होता है।

सखा कही तुम्ह नीकि उपाई। करिअ दैव जौं होइ सहाई॥
मंत्र न येह लछिमन मन भावा। राम बचन सुनि अति दुख पावा॥
नाथ दैव कर कवन भरोसा। सोखिअ सिंधु करिअ मन रोसा॥
कादर मन कहुँ एक अधारा। दैव दैव आलसी पुकारा॥

सुनत बिहँसि बोले रघुबीरा। ऐसेइ करब धरहु मन धीरा॥
अस कहि प्रभु अनुजहि समुझाई। सिंधु समीप गये रघुराई॥
प्रथम प्रनाम कीन्ह सिरु नाई। बैठे पुनि तट दर्भ डसाई॥
जबहिं बिभीषन प्रभु पहिं आये। पाछे रावन दूत पठाये॥

दो०— सकल चरित तिन्ह देखे धरें कपट कपि देह।
प्रभु गुन हृदयँ सराहहिं सरनागत पर नेह॥ ५१॥

अर्थ—हे सखा! तुमने अच्छा उपाय बताया, यदि दैव सहायक हो जाएँ तो यही करना चाहिए। लक्ष्मण के मन में यह सलाह अच्छी न लगी और श्रीराम की वाणी सुनकर (उन्हें) अत्यन्त दु:ख प्राप्त हुआ।

(लक्ष्मण ने कहा) हे नाथ! दैव का क्या विश्वास? मन में क्रोध कीजिये और समुद्र को सुखा डालिए। कायर (कादर) मन के लिए दैव ही एकमात्र आधार है और आलसी व्यक्ति दैव-दैव पुकारा करते हैं।

यह सुनकर श्रीराम हँस कर बोले, मन में धैर्य धारण करो, ऐसा ही करूँगा। ऐसा कहकर प्रभु श्रीराम ने लक्ष्मण को समझाया और श्रीराम समुद्र के समीप गये।

सर्वप्रथम सिर झुका कर (उसे) प्रणाम किया और फिर समुद्र तट पर दर्भ (कुश) बिछा कर बैठे। ज्यों ही, विभीषण प्रभु श्रीराम के पास चले थे उनके त्योंही पीछे रावण ने दूत भेजा।

कपट पूर्ण वानर का शरीर धारण किये हुए उन्होंने सम्पूर्ण कार्यों को (चरित) देखा। वे हृदय-ही-हृदय प्रभु श्रीराम के शरणागत पर स्नेह जैसे उनके गुणों की सराहना कर रहे थे।

टिप्पणी—श्रीराम का सागर से विनय का प्रसंग है। श्रीराम विभीषण तथा वानरों की मंत्रणा मानकर समुद्र से प्रार्थना के लिए उद्यत होते हैं। इसी प्रकरण से जुड़ा रावण का गुप्तचर प्रसंग भी है।

प्रगट बखानहिं राम सुभाऊ। अति सप्रेम गा बिसरि दुराऊ॥
रिपु के दूत कपिन्ह तब जाने। सकल बाँधि कपीस पहिं आने॥
कह सुग्रीव सुनहु सब बानर। अंग भंग करि पठवहु निसिचर॥
सुनि सुग्रीव बचन कपि धाए। बाँधि कटक चहुँ पास फिराए॥
बहु प्रकार मारन कपि लागे। दीन पुकारत तदपि न त्यागे॥
जो हमार हर नासा काना। तेहि कोसलाधीस कै आना॥
सुनि लछिमन सब निकट बोलाये। दया लागि हँसि तुरत छोड़ाये॥
रावन कर दीजहु येह पाती। लछिमन बचन बाँचु कुलघाती॥

दो०— कहेहु मुखागर मूढ़ सन मम संदेसु उदार।
सीता देइ मिलहु न त आवा कालु तुम्हार॥५२॥

अर्थ—वे प्रकट भाव से श्रीराम के स्नेह की बड़ाई करने लगे और अत्यन्त प्रेम विह्वलता के कारण उनका कपट वेष भूल गया। जब वानरों ने जाना कि ये शत्रु के दूत हैं तो सभी को बाँधकर वे सुग्रीव के पास ले आये।

सुग्रीव ने कहा कि हे सभी वानरों सुनो, राक्षस का अंग-भंग करके भेजो। सुग्रीव की आज्ञा को सुनकर सम्पूर्ण वानर दौड़े और उन्हें बाँध करके सेना के चारों ओर घुमाया।

वानर उन्हें अनेक प्रकार से मारने लगे। वे दीन होकर पुकारते हैं, फिर भी उन्हें नहीं छोड़ते और अन्त में कहते हैं कि जो हमारे नाक-कान काटेगा, उसे कोशलाधीश श्रीराम की शपथ है।

यह सुनकर, लक्ष्मण ने सभी को सन्निकट बुलाया और उन्हें दया लगी तथा तुरन्त हँसकर छुड़ा दिया। (उन्होंने उनसे कहा) कि हे दूतों! रावण के हाथ में यह पत्र देना (और कहना कि) हे कुलघाती! लक्ष्मण के संदेश (बचन) को पढ़ो।

पुनः उस मूर्ख से मेरा यह उदार संदेश (स्पष्ट संदेश) मौखिक (मुखागर) कहना कि श्रीराम से मिलो और सीता को दे दो अन्यथा तुम्हारा काल (समीप) आ गया है॥५२॥

टिप्पणी—गुप्तचर प्रसंग द्वारा पुनः रावण को समझाने का प्रयास किया जा रहा है। लक्ष्मण का 'पत्रिका प्रसंग' यहाँ विशेष महत्त्वपूर्ण है। यह कवि की अपनी कल्पना शक्ति पर आधारित प्रसंग है और इस प्रसंग के द्वारा कवि यह सिद्ध करने का प्रयास कर रहा है कि तरह-तरह से समझाये जाने के बाद भी रावण के हठ पर उस समझाने का कोई प्रभाव नहीं है। कवि द्वारा श्रीराम की दयाशीलता एवं रावण की हठधर्मिता दोनों तत्त्वों का वर्णन पूरी निष्ठा से किया जा रहा है। रावण किसी भी प्रकार से अपना हठ छोड़ने के लिए तैयार नहीं है और 'पत्रिका संदेश' द्वारा उसे पुनः एक अवसर लक्ष्मण प्रदान करना चाहते हैं।

तुरत नाइ लछिमन पद माथा। चले दूत बरनत गुन गाथा॥
कहत राम जसु लंका आए। रावन चरन सीस तिन्ह नाए॥
बिहँसि दसानन पूँछी बाता। कहसि न सुक आपनि कुसलाता॥
पुनि कहु खबरि बिभीषन केरी। जाहि मृत्यु आई अति नेरी॥
करत राजु लंका सठ त्यागी। होइहि जव कर कीट अभागी॥
पुनि कहु भालु कीस कटकाई। कठिन काल प्रेरित चलि आई॥
जिन्हके जीवन कर रखवारा। भएउ मृदुल चित सिंधु बिचारा॥
कहु तपसिन्ह कै बात बहोरी। जिन्ह कें हृदय त्रास अति मोरी॥

दो०— की भइ भेंट कि फिरि गए स्त्रवन सुजसु सुनि मोर।
कहसि न रिपुदल तेज बल बहुत चकित चित तोर॥ ५३॥

अर्थ—लक्ष्मण के चरणों में माथ झुकाकर श्रीराम के गुणों की गाथा का वर्णन करते हुए दूत तुरन्त ही चल पड़े। श्रीराम के यश का वर्णन करते हुए दूत लंका पहुँचे और रावण के चरणों में सिर झुकाया।

पुनः रावण ने हँसकर समाचार पूछा कि हे शुक! अपनी कुशलक्षेम कहो? फिर, जिसकी मृत्यु अत्यधिक सन्निकट (समीप) आ गई , उस विभीषण का समाचार बताओ।

उस शठ ने राज्य करते हुए लंका को त्याग दिया, वह अभागा (जौ के साथ ही लग कर मर जाने वाला) जौ का कीड़ा (घुन) बन जाएगा। पुनः भालु एवं वानरों की सेना का वर्णन करो जो कठिन काल द्वारा प्रेरित होकर यहाँ चली आई है।

जिनके जीवन का रक्षक कोमल स्वभाव का बेचारा समुद्र बन गया है, तथा जिनके हृदय में मेरा अत्यधिक भय वर्तमान हो चुका है, फिर उन तपस्वियों का समाचार बताओ।

कानों से मेरा सुयश सुनकर या तो वे लौट गये या उनसे भेंट हुई, तेरा चित्त बहुत चकित हो रहा है। तू शत्रुओं की सेना के तेज तथा बल को क्यों नहीं बताता॥ ५३॥

टिप्पणी—रावण द्वारा 'शुक-सारन' दूतों से शत्रु पक्ष का समाचार जानना तथा पूछना एवं अपने कल्पित आतंक और प्रभाव की स्थापना करना नाटकीय कार्य व्यापार की सम्पुष्टि है। इस कार्य व्यापार को कवि लक्ष्मण के पत्र की प्रतिक्रिया के पूर्व पक्ष के रूप में प्रस्तुत करता है।

नाथ कृपा करि पूँछेहु जैसे। मानहु कहा क्रोध तजि तैसे॥
मिला जाइ जब अनुज तुम्हारा। जातहिं राम तिलक तेहि सारा॥
रावन दूत हमहि सुनि काना। कपिन्ह बाँधि दीन्हे दुख नाना॥
स्त्रवन नासिका काटैं लागे। राम सपथ दीन्हें हम त्यागे॥
पूँछिहु नाथ राम कटकाई। बदन कोटि सत बरनि न जाई॥
नाना बरन भालु कपि धारी। बिकटानन बिसाल भयकारी॥
जेहिं पुर देहउ हतेउ सुत तोरा। सकल कपिन्ह महँ तेहि बलु थोरा॥
अमित नाम भट कठिन कराला। अमित नाग बल बिपुल बिसाला॥

दो०— द्विविद मयंक नील नलु अंगद गद बिकटासि।
दधिमुख केहरि कुमुद गव जामवंत बलरासि॥ ५४॥

अर्थ—हे नाथ! आपने कृपा करके जिस प्रकार पूछा है, उसी प्रकार अपने महाक्रोध का त्याग करके बात मानिये (विश्वास करिये)। उनसे आपका अनुज विभीषण जब जाकर मिला तो जाते ही राम ने उसे राजतिलक दे दिया (सारा = पूरा करना)।

कानों से रावण का दूत सुनकर वानरों ने मुझे बाँधकर नाना प्रकार के दुःख दिये। वे जब मेरे नाक-कान काटने लगे तो श्रीराम की शपथ देने पर उन्होंने छोड़ा।

हे नाथ! आपने श्रीराम की सेना पूछी है, उसका वर्णन तो सौ करोड़ मुखों से भी नहीं किया जा सकता। अनेक रंगों के भालु तथा वानरों की सेना है जो भयंकर मुखवाले तथा विशाल एवं भयावह हैं।

जिसने नगर जलाया तथा तुम्हारे पुत्र को मारा था, उसका पराक्रम तो समस्त वानरों में बहुत कम है, अनन्त नाम वाले कठोर तथा भयकारी योद्धा हैं जो संख्या में अधिक, विशाल (शरीरवाले) असंख्य हाथियों की शक्ति से युक्त हैं।

द्विविद, मंयक, नील, नल, अंगद, गद, विकटास्य, दधिमुख, केसरी, कुमुद, गव, जाम्बवान आदि सभी बल की राशि हैं ॥ ५४ ॥

टिप्पणी—श्रीराम की शक्ति, पराक्रम, स्वभाव, दानशीलता, सैन्यशक्ति आदि का चित्रण करना ही प्रकारान्तर भाव से इस प्रकरण का उद्देश्य है। दूत एक माध्यम है, ताकि शक्ति आदि का आकलन प्रामाणिक रूप से हो सके। सेना की भंयकरता एवं उसकी शक्ति सामर्थ्य का यहाँ यह चित्रण शत्रु पक्ष को आतंकित करने के लिए किया गया है। समझाने से न मानने वाले रावण के सामने 'शक्ति' का भय उपस्थित करना यहाँ कवि का मन्तव्य है।

ये कपि सब सुग्रीव समाना। इन्ह सम कोटिन्ह गनइ को नाना॥
राम कृपाँ अतुलित बल तिन्हहीं। तृन समान त्रैलोकहि गनहीं॥
अस मैं सुना स्त्रवन दसकंधर। पदुम अठारह जूथप बंदर॥
नाथ कटक महँ सो कपि नाहीं। जो न तुम्हहि जीतइ रन माहीं॥
परम क्रोध मीजहिं सब हाथा। आयेसु पै न देहिं रघुनाथा॥
सोखहिं सिंधु सहित झष ब्याला। पूरहिं न त भरि कुधर बिसाला॥
मर्दि गर्द मिलवहिं दससीसा। ऐसेइ बचन कहहिं सब कीसा॥
गर्जहिं तर्जहिं सहज असंका। मानहु ग्रसन चहत हहिं लंका॥

दो०— सहज सूर कपि भालु सब पुनि सिर पर प्रभु राम।
रावन काल कोटि कहुँ जीति सकहिं संग्राम॥ ५५॥

अर्थ—ये सभी वानर शक्ति में सुग्रीव सदृश हैं और इन जैसे करोड़ों वानर हैं, उन बहुतों को कौन गिन सकता है। श्रीराम की कृपा से उनमें अतुलनीय शक्ति है

और वे त्रैलोक्य की तिनके के समान गणना करते हैं।

हे रावण! मैंने इस प्रकार कानों से सुन रखा है कि अट्ठारह पद्म तो वानरों के सेनापति हैं। हे नाथ! उस सेना में ऐसा कोई वानर नहीं है, जो युद्ध में आपको न जीत सके।

वे सभी के सभी अत्यधिक क्रोध में हाथ मल रहे हैं किन्तु श्रीराम उन्हें आज्ञा नहीं दे रहे हैं। (वे कहते हैं कि) मछलियों तथा सर्प सहित सागर सोख लेंगे नहीं तो बड़े-बड़े पर्वतों से भर कर उसे (सागर को) पाट डालेंगे।

रावण को मर्द-मर्द करके धूल में मिला देंगे, सभी वानर इस प्रकार की बातें कह रहे हैं। वे सभी सहज एवं नि:शंक भाव से गर्जन तर्जन करते हैं, मानो (सभी) लंका को ही निगल जाना चाहते हैं।

समस्त वानर तथा भालु सहज रूप से शूरवीर हैं फिर उनके सिर पर श्रीराम हैं। हे रावण! वे युद्ध में करोड़ों कालों को भी जीत सकते हैं (आपकी क्या हैसियत) ॥ ५५ ॥

टिप्पणी—रावण का गुप्तचर श्रीराम के सैन्यसमूह के साथ उनकी शक्ति को भी जोड़कर चित्रित करता है। रावण का गुप्तचर श्रीराम के सैन्य पराक्रम का जो चित्र खींचता है, वह रावण को आतंकित करने के लिए पर्याप्त है किन्तु रावण पर उसका कोई प्रभाव नहीं पड़ता।

राम तेज बल बुधि बिपुलाई। सेष सहस सत सकहिं न गाई॥
सक सर एक सोषि सत सागर। तव भ्रातहि पूँछेउ नयनागर॥
तासु बचन्न सुनि सागर पाहीं। माँगत पंथ कृपा मन माहीं॥
सुनत बचन बिहँसा दससीसा। जौं असि मति सहाय कृत कीसा॥
सहज भीरु कर बचन दृढ़ाई। सागर सन ठानी मचलाई॥
मूढ़ मृषा का करिस बड़ाई। रिपु बल बुद्धि थाह मैं पाई॥
सचिव सभीत बिभीषनु जाकें। बिजय बिभूति कहाँ लगि ताकें॥
सुनि खल बचन दूत रिसि बाढ़ी। समय बिचारि पत्रिका काढ़ी॥
रामानुज दीन्ही यह पाती। नाथ बँचाइ जुड़ावहु छाती॥
बिहँसि बाम कर लीन्ही रावन। सचिव बोलि सठ लाग बचावन॥

दो०— बातन्ह मनहिं रिझाइ सठ जनि घालसि कुल खीस।
राम बिरोध न उबरसि सरन बिष्नु अज ईस॥
की तजि मान अनुज इव प्रभु पद पंकज भृंग।
होहि कि राम सरानल खल कुल सहित पतंग॥ ५६ ॥

अर्थ—श्रीराम की तेज, बल और बुद्धि की अधिकता का गान हजारों लाख

शेषनाग भी नहीं कर सकते। वे एक ही बाण से सैकड़ों सागर सोख सकते हैं किन्तु नीति चतुर श्रीराम ने तुम्हारे भाई से उपाय पूछा है।

उनके मन में अत्यधिक कृपा भरी है और विभीषण के वचनों को सुनकर समुद्र से मार्ग माँग रहे हैं। उसके वचनों को सुनकर रावण हँसा कि जब ऐसी ही बुद्धि है तभी वानरों को सहायक बनाया (कृत) है।

स्वभाव से ही भीरु स्वभाव के विभीषण के वचनों को प्रमाण करके उन्होंने समुद्र से बालहठ (मचलाई) ठाना है। रे मूढ़! झूठ-मूठ क्या बड़ाई करता है (बसकर) मैंने शत्रु की बुद्धि और बल की थाह पा ली है।

जिसके पास विभीषण जैसे डरपोक (स्वभाव का) मंत्री हो संसार में उसे विजय श्री (विभूति) संसार में कहाँ तक प्राप्त होगी? खल रावण के वचनों को सुनकर दूत का क्रोध बढ़ आया और उचित अवसर समझकर पत्रिका निकाली।

राम के अनुज लक्ष्मण ने यह पत्र दिया है, हे नाथ! इसे पढ़वा कर छाती ठंडी कीजिये। रावण ने हँसकर उसे बाँये से पकड़ा और मंत्री को आज्ञा देकर वह शठ पढ़वाने लगा।

(पत्र में लिखा था)—रे शठ! बातों में ही मन को रिझाकर अपने कुल को न नष्ट कर। विष्णु, ब्रह्मा तथा शिव की भी शरण में रहकर भी श्रीराम के विरोध में तू न बच पायेगा।

या तो अपने अनुज विभीषण की भाँति अभिमान का परित्याग करके श्रीराम के चरण-कमलों का भ्रमर हो जा या फिर श्रीराम के वाणरूपी अग्नि में परिवार सहित पंतिगा बन जा (अर्थात्, कुल सहित नष्ट हो जा।) ॥ ५६ ॥

टिप्पणी—रावण ने अपने हठ के दुराग्रह से गुप्तचर के वचनों की उसी प्रकार अवहेलना की जैसे पत्नी, भाई एवं पितामह वचनों की पहले कर चुका है। रावण का परिहास गुप्तचर के कथन के प्रभाव को दूर करने के लिए है क्योंकि सम्पूर्ण सभा के बीच यदि वह लेश मात्र भी गुप्तचर के वचनों से प्रभावित होता तो सम्पूर्ण सभा पर उसका प्रतिकूल प्रभाव पड़ता। रावण के हठ भरे वचनों को सुनकर दूत उसकी प्रतिक्रिया में लक्ष्मण की पत्रिका उसे देता है।

सुनत सभय मन मुखु मुसुकाई। कहत दसानन सबहिं सुनाई॥
भूमि परा कर गहत अकासा। लघु तापस कर बाग बिलासा॥
कह सुक नाथ सत्य सब बानी। समुझहु छाड़ि प्रकृति अभिमानी॥
सुनहु बचन मम परिहरि क्रोधा। नाथ राम सन तजहु बिरोधा॥
अति कोमल रघुबीर सुभाऊ। जद्यपि अखिल लोक कर राऊ॥
मिलत कृपा तुम्ह पर प्रभु करिहीं। उर अपराध न एकौ धरिहीं॥
जनकसुता रघुनाथहि दीजै। येतना कहा मोर प्रभु कीजै॥

जब तेहि कहा देन बैदेही। चरन प्रहार कीन्ह सठ तेही॥
नाइ चरन सिरु चला सो तहाँ। कृपासिंधु रघुनायक जहाँ॥
करि प्रनामु निज कथा सुनाई। राम कृपाँ आपनि गति पाई॥
रिषि अगस्ति की स्राप भवानी। राछस भयेउ रहा मुनि ग्यानी॥
बंदि राम पद बारहिं बारा। मुनि निज आस्रम कहुँ पगु धारा॥

दो०— बिनय न मानत जलधि जड़ गए तीन दिन बीति।
बोले राम सकोप तब भय बिनु होइ न प्रीति॥ ५७॥

अर्थ—पत्रिका सुनते ही वह मन में भयभीत (हो उठा) किन्तु मुख से मुसकाता हुआ सबको सुनाकर कहता है कि इस छोटे तपस्वी का वाग्विलास उसी प्रकार है, जैसे कोई पृथ्वी पर गिरा हुआ हाथ से आकाश पकड़ने की चेष्टा करता हो।

शुक ने कहा, हे नाथ! अपनी अभिमान भरी प्रकृति को छोड़कर आप वाणी की सारी सत्यता को समझें। क्रोध का परित्याग करके मेरी वाणी सुनें। हे नाथ! श्रीराम से विरोध त्याग दें।

यद्यपि श्रीराम सम्पूर्ण लोकों के स्वामी हैं, फिर भी श्रीराम का स्वभाव अत्यधिक कोमल है। आपके मिलते ही श्रीराम आप पर कृपा करेंगे और आपका एक भी अपराध हृदय में नहीं रखेंगे।

सीता को श्रीराम को दे दें, हे प्रभु! मेरा इतना कहना मान लें। जब उसने सीता को देने के लिए कहा तब उस शठ रावण ने उस पर चरण प्रहार किया।

जहाँ श्रीराम थे, वह वहाँ चरणों में सिर झुकाकर चला। प्रणाम करके उसने अपनी कथा सुनाई और श्रीराम की कृपा से अपनी गति (मुनि का रूप) प्राप्त किया।

हे पार्वती! अगस्त्य मुनि के शाप से वह ज्ञानी मुनि राक्षस हुआ था। श्रीराम के चरणों की बार-बार बन्दना करके वह मुनि अपने आश्रम चला गया।

तीन दिन व्यतीत हो चुके किन्तु जड़ समुद्र प्रार्थना (विनय) नहीं मानता है। तब श्रीराम क्रोधासहित बोले, 'भय के बिना प्रीति नहीं होती।'॥ ५७॥

टिप्पणी—पत्रिका में अंकित लक्ष्मण के संदेश को सभा के बीच उपहास करके रावण उड़ा देता है। शुक फिर उसे समझाता तथा श्रीराम के प्रभाव तथा स्वभाव की सूचना देता है किन्तु रावण के ऊपर उसका कोई प्रभाव नहीं है। यही नहीं, दूसरी ओर कवि समुद्र के हठ का वर्णन करता है। विनय के निष्प्रभावी हो जाने के पश्चात् श्रीराम के क्रोध का यहाँ चित्रण है।

लछिमन बान सरासन आनू। सोखौं बारिधि बिसिख कृसानू॥
सठ सन बिनय कुटिल सन प्रीती। सहज कृपन सन सुंदर नीती॥

ममता रत सन ग्यान कहानी। अति लोभी सन बिरति बखानी॥
क्रोधिहि सम कामिहि हरि कथा। ऊसर बीज बएँ फल जथा॥
अस कहि रघुपति चाप चढ़ावा। येह मत लछिमन कें मन भावा॥
संधानेउ प्रभु बिसिख कराला। उठी उदधि उर अंतर ज्वाला॥
मकर उरग झख गन अकुलाने। जरत जंतु जलनिधि जब जाने॥
कनक थार भरि मनि गन नाना। बिप्र रूप आए तजि माना॥

दो०— काटेहिं पइ कदली फरइ कोटि जतन कोउ सींच।
बिनय न मान खगेस सुनु डाँटेहि पै नव नीच॥ ५८॥

अर्थ—हे लक्ष्मण! बाण-धनुष लाओ, मैं अग्निबाण से समुद्र को सोख लूँ। शठ से विनय और कुटिल से प्रीति स्वभावतः कृपण से सुन्दर नीति,

ममता में संसक्त मनुष्य से ज्ञान की कथाएँ और अत्यन्त लोभी से वैराग्य का वर्णन, क्रोधी से शान्ति तथा कामी पुरुष से श्रीहरि की कथा (कहने) का फल उसी प्रकार है, जैसे ऊसर में बीज बोने का फल।

ऐसा कहकर, श्रीराम ने धनुष चढ़ाया। श्रीराम का यह विचार लक्ष्मण के मन को अच्छा लगा। प्रभु श्रीराम ने भयंकर अग्निबाण सन्धान किया (ताना) कि समुद्र के हृदय के अन्दर से अग्नि की ज्वाला उठ पड़ी।

मकर, साँप तथा मछलियों के समूह व्याकुल हो उठे और समुद्र ने अपने जन्तुओं को जलते हुए देखा तो नाना प्रकार की मणियों से भरी हुई सोने की थाल लेकर और अभिमान त्यागकर ब्राह्मण का रूप धारण करके आया।

हे गरुड़! सुनें, (भुशुंडि कहते हैं कि) कोटि-कोटि यत्न करके कोई सींचे किन्तु केला काटने पर ही फलता है। नीच डाटने पर ही मानता है, वह विनय नहीं मानता॥ ५८॥

टिप्पणी—रावण प्रसंग को समाप्त करके कवि पुनः रामपक्ष की कथा की ओर लौटता है। कवि का कथा का विन्यास शिल्प परस्पर समानान्तर तथा साथ-साथ श्रीराम एव रावण कथा क्रम में चलता है। श्रीराम तथा रावण को परस्पर आमने सामने रखकर कवि पाठकों में निरन्तर औत्सुक्य भाव का संचार करता रहता है। कवि एक ओर रावण के सामर्थ्य एवं सम्प्रभुता का चित्रण करता है तो दूसरी ओर श्रीराम की साधन विहीनता का। कवि इस द्वन्द्व से सम्पूर्ण कथा को विन्यस्त करके उसकी रोचकता की रक्षा करता चलता है।

प्रभु के बाण संधान करने का प्रकरण उनके महनीय प्रभाव की व्यंजना के लिए किया गया है। बीच-बीच में प्रभु श्रीराम के अलौकिक कृत्यों का समावेश करके उनके ईश्वरत्व को कवि व्यंजित करता चलता है।

सभय सिंधु गहि पद प्रभु केरे। छमहु नाथ सब अवगुन मेरे॥
गगन समीर अनल जल धरनी। इन्ह कइ नाथ सहज जड़ करनी॥
तव प्रेरित मायाँ उपजाए। सृष्टि हेतु सब ग्रंथन्हि गाए॥
प्रभु आयेसु जेहि जहँ जस अहई। सो तेहि भाँति रहें सुख लहई॥
प्रभु भल कीन्ह मोहि सिख दीन्ही। मरजादा पुनि तुम्हरिअ कीन्ही॥
ढोल गवाँर सूद्र पसु नारी। सकल ताड़ना के अधिकारी॥
प्रभु प्रताप मैं जाब सुखाई। उतरिहि कटकु न मोरि बड़ाई॥
प्रभु अग्या अपेल श्रुति गाई। करौं सो बेगि जो तुम्हहि सोहाई॥
दो०— सुनत बिनीति बचन अति कह कृपाल मुसुकाइ।
जेहि बिधि उतरइ कपि कटकु तात सो कहहु उपाइ॥ ५९॥

अर्थ—भयभीत समुद्र ने श्रीराम के चरणों को पकड़कर (कहा)—हे नाथ! मेरे समस्त अवगुणों को क्षमा करें। हे नाथ! आकाश, वायु, अग्नि, जल तथा पृथ्वी इन सबके आचरण स्वभाव से ही जड़ (जड़ता भरे) हैं।

आपकी प्रेरणा से माया ने इन्हें सृष्टि के लिए उत्पन्न किया है, ऐसा सभी ग्रंथों में कहा गया है। हे स्वामी! जिसके लिए आपकी जैसी आज्ञा है, वह उसी प्रकार रहने में सुख प्राप्त करता है।

हे प्रभु! आपने मुझे शिक्षा दी, यह अच्छा किया किन्तु (जीवों की) मर्यादा भी तो आपकी ही बनाई हुई है। ढोल, गँवार, शूद्र, पशु तथा स्त्री ये सभी दण्ड (ताड़न) के अधिकारी होते हैं।

प्रभु के प्रताप से मैं सुखा जाऊँगा, सेना (समुद्र पार) उतर जाएगी, इसमें मेरी बड़ाई नहीं है। प्रभु की आज्ञा अनुल्लंघनीय (अपेल) है, ऐसा श्रुतियाँ गाती हैं, अतः जो आपको अच्छा लगे, मैं शीघ्र ही उसे करूँ (पालन करूँ, आज्ञा दें)।

समुद्र के अत्यन्त विनीत वचन सुनकर कृपालु श्रीराम ने मुसकरा कर कहा—जिस प्रकार वानरों की सेना समुद्र के उस पार उतर जाए, वह उपाय बताओ॥ ५९॥

टिप्पणी—भय से पीड़ित जड़ समुद्र का आत्मरक्षा से प्रेरित होकर प्रकट होना श्री राम की अलौकिता को व्यंजित करता है। वह समुद्र जो अब तक टस से मस नहीं हो रहा था, किन्तु भय के कारण वह पूरी तरह से समर्पित होकर श्रीराम से ब्रह्मास्त्र का अपने ऊपर प्रयोग न करने की प्रार्थना करता है। यही नहीं, वह श्रीराम की आज्ञा पाकर उन्हें सागर पार होने के लिए उपाय बताने के लिए तैयार हो उठता है।

यहाँ कवि का मन्तव्य श्रीराम की दिव्यता की स्थापना है।

नाथ नील नल कपि द्वौ भाई। लरिकाईं रिषि आसिष पाई॥
तिन्ह कें परस किएँ गिरि भारे। तरिहहिं जलधि प्रताप तुम्हारे॥
मैं पुनि उर धरि प्रभु प्रभुताई। करिहौं बल अनुमान सहाई॥
येहि बिधि नाथ पयोधि बँधाइअ। जेहिं येह सुजसु लोक तिहुँ गाइअ॥
येहि सर मम उत्तर तट बासी। हतहु नाथ खल नर अघरासी॥
सुनि कृपाल सागर मन पीरा। तुरतहिं हरी राम रनधीरा॥
देखि राम बल पौरुष भारी। हरषि पयोनिधि भएउ सुखारी॥
सकल चरित कहि प्रभुहि सुनावा। चरन बंदि पाथोधि सिधावा॥

अर्थ—हे नाथ! नील तथा नल दो वानर भाई हैं। बाल्यावस्था में इन्होंने ऋषि से आशीर्वाद पा रखा है। उनके स्पर्श करने से भारी पर्वत भी आपके प्रताप से समुद्र में तर जायेंगे।

हे प्रभु! मैं पुनः हृदय में आपका प्रभुत्व धारण करके अपनी शक्ति के अनुसार (यथाशक्ति) सहायता करूँगा। हे नाथ! इस प्रकार आप समुद्र बँधवाइये जिससे तीनों लोकों में यह सुन्दर यश गाया जाये।

इस शर से मेरे उत्तर तट पर निवास करने वाले पाप की राशि दुष्ट मनुष्यों का वध कीजिये। कृपालु समुद्र के मन की पीड़ा को समझकर युद्ध में धैर्य करने वाले श्रीराम ने उस पीड़ा को तुरन्त हरण कर लिया।

श्रीराम के भारी बल तथा पौरुष को देखकर समुद्र हर्षित होकर सुखी हो उठा और उसने उन दुष्टों का सम्पूर्ण चरित्र कह डाला ततश्च चरणों की वन्दना करके समुद्र अन्दर चला गया।

छंद— निज भवन गवनेउ सिंधु श्री रघुपतिहि येह मत भायेऊ।
येह चरित कलिमलहर जथामति दास तुलसी गायेऊ॥
सुखभवन संसयसमन दवन बिषाद रघुपति गुनगना॥
तजि सकल आस भरोस गावहि सुनहि संतत सठ मना॥

दो०— सकल सुमंगल दायक रघुनायक गुन गान।
सादर सुनहिं ते तरहिं भव सिंधु बिना जलजान॥ ६०॥

इति श्रीरामचरितमानसे सकलकलिकलुषविध्वंसने विमल ज्ञानसम्पादनो नाम पञ्चमः सोपानः समाप्तः॥

समुद्र अपने घर चला गया तथा श्रीराम को उसका यह मत अच्छा लगा। यह चरित्र कलियुग के पापों को नष्ट करने वाला है। तुलसीदास ने (इस चरित्र का) यथाबुद्धि गान किया है। श्रीराम के गुण समूह आनन्दधाम, संशय को शान्त करने वाला तथा सम्पूर्ण विषाद का दमन करने वाला है। रे शठ मन! सम्पूर्ण (अन्य)

आशाओं तथा आलम्बनों का त्याग करके निरन्तर इसका गान कर और श्रवण कर।

श्रीराम का गुणगान सम्पूर्ण सुन्दर मंगलों को देने वाला है। जो इसे सादर सुनते हैं, वे बिना किसी जलयान के इस संसार-सागर को पार कर जाते हो॥ ६०॥

टिप्पणी—नल-नील के वरदान का उल्लेख करके सागर सेतु निर्माण के उपाय का निर्वचन कवि का मन्तव्य है। श्रीराम की अलौकिक दिव्यता यहाँ ब्रह्मास्त्र संधान के द्वारा इंगित की गई है। कवि इस प्रसंग में यह एक विशेष रहस्य भरा संकेत देता है—

एहि सर मम उत्तर तटवासी। हतहु नाथ खल नर अघरासी॥

यह प्रकरण वाल्मीकि रामायण से लिया गया है। ब्रह्मास्त्र की सबसे बड़ी विशेषता यह बताई गई है कि संधान करने पर उसे छोड़ा जाना आवश्यक है—और छोड़ने पर उसका प्रभाव विनाशकारी अवश्य होगा। श्रीराम ने सागर के ऊपर यह बाण संधान किया है—अब उसे कहा छोड़ा जाए, समुद्र बताता है—

द्रुमकूल्य इतिख्यातो लोकेख्याते यथाभवान्।
उग्रदर्शनकर्माणो बहवः तस्यदस्यवः।
आभीरप्रमुखा पापा पिवन्ति सलिलं मम॥
तैर्न तत्स्पर्शनं पापं सहेयं पाप कर्मभिः।
अमोघ क्रियतां राम अयं तत्रशरोतमः॥

सेतुबन्ध रामेश्वर के उत्तर समुद्र तट पर द्रुम कूल्य के पापी आभीर जो समुद्र जल का पान एवं अन्य अनाचरणीय कृत्य समुद्र जल द्वारा करते थे, सागर उनसे पीड़ित है। सम्भवतः यह गुजरात या सौराष्ट्र की ओर संकेत है। श्रीराम अपने ब्रह्मास्त्र से उनका वध करते तथा उस स्थान का माहात्म्य बढ़ा देते हैं। वह स्थान मरुकान्तार के नाम से प्रसिद्ध हुआ। तुलसी मानस में वाल्मीकि रामायण के इस प्रकरण को इंगित करने की चेष्टा करते हैं।

इस प्रकार कलियुग के समस्त पापों को विनष्ट करने वाला निर्मल ज्ञान सम्पादन नाम का पाँचवाँ सोपान समाप्त हुआ।

❑❑